学校社会工作实践探索

刘雨萌　著

图书在版编目(CIP)数据

学校社会工作实践探索 / 刘雨萌著. -- 长春 : 吉林文史出版社, 2023.9

ISBN 978-7-5472-9705-6

Ⅰ. ①学… Ⅱ. ①刘… Ⅲ. ①学校—社会工作—研究—中国 Ⅳ. ①G40-052

中国国家版本馆 CIP 数据核字(2023)第 176418 号

学校社会工作实践探索

XUEXIAO SHEHUI GONGZUO SHIJIAN TANSUO

出版人 张 强
作 者 刘雨萌
责任编辑 柳永哲
装帧设计 钟晓图
印 刷 三河市嵩川印刷有限公司
开 本 710 mm×1000 mm 1/16
印 张 11.25
字 数 200 千字
版 次 2023 年 9 月第 1 版
印 次 2024 年 1 月第 1 次印刷

出版发行 吉林文史出版社
地 址 吉林省长春市净月开发区福祉大路 5788 号
网 址 www.jlws.com.cn
书 号 ISBN 978-7-5472-9705-6
定 价 58.00 元

目　录

第一章 学校社会工作概述

第一节 学校社会工作的概念

学校社会工作起源于20世纪初的美国，它以访问教师的名义问世，直到1945年才正名为学校社会工作。而我国获知学校社会工作的概念及开展学校领域中的社会工作专业实践则相对较晚，并且有关学校社会工作的著作也相当有限。

一、学校社会工作定义

学校社会工作是一个外来语，系由“school social work”翻译而来。那么，什么是学校社会工作？简要地说就是属于社会工作领域的一种专业服务。一般而言，社会工作的服务领域包括医疗卫生领域、司法领域、教育领域、企业领域、社会福利领域等，而其中在教育领域，特别是在学校领域中实施的专业社会工作服务，就是学校社会工作。因此，学校社会工作有时也称为教育社会工作，泛指教育体系之内的社会工作实务。不过，对于学校社会工作的解释，目前并没有一个统一的定义。而每一个国家、地区都是基于他们本身的文化来讨论对学校教育的理解，以下仅列举几个有代表性的观点。

（一）美国《社会工作百科全书》的解释

美国社会工作协会（NASW）出版的《社会工作百科全书》对学校社会工作

的解释是："学校社会工作是运用社会工作的理论与方法去实现学校的主要目的。学校的主要目的是为学生提供教与学的场所，是学生能为现在所居住的世界与未来可能面对的世界准备他们自己。"这个定义阐释了学校社会工作的本质是一种专业的社会工作，目的是运用社会工作方法帮助全体学生面对现在和未来的生活。

（二）美国学校社会工作学者的解释

美国学校社会工作学者罗斯（Rose G）与马夏尔（Marshall，Tony F）认为："学校社会工作一词的出现，其所涵盖的工作类似个人的咨询，但此类工作有赖于训练有素的社会工作者去完成，有时此类工作人员并无充分的社会工作训练；他们不一定是合格的教师。学校社会工作者已被视为专家之一，随同过去已经组合而且现在仍然组合在一起的查勤人员、护士、心理学家和职业咨询人员，共同提供咨询和协助服务，此种服务乃众所周知的学生人事服务。"根据这个定义可以发现，在美国，学校社会工作是一种主要针对学生的专业服务。

（三）社会工作学者的解释

北京师范大学价值与文化研究中心教授宣兆凯在《学校社会工作学》一书中认为，学校社会工作属于社会工作学与教育学之间的一门交叉学科，也是运用社会工作理论及方法在教育领域开展专业服务活动的一项事业。它以学习生活适应上有困难的问题学生为对象，探寻解决这些问题的方法、手段、途径，为学生创造良好的学习条件与环境，帮助他们学会适应学习生活。上述定义主要是从困难的学生这一工作对象的角度阐释了学校社会工作的功能、目标与专业性。

（四）《中国社会工作大百科全书》的解释

"学校社会工作为政府、社会各方面力量或私人经由专业工作者运用社会工作的理论、方法与技术，对正规或非正规教育体系中全体学生，特别是处境困难学生提供的专业服务。其目的在于帮助学生或学校解决所遇到的某些问题，调整学校、家庭及社区之间的关系，发挥学生的潜能和学校、家庭及社区的教育功能，以实现教育目的乃至若干社会目标。此定义将工作对象从困难学生扩展为全体学生，着重从目的与功能等阐释学校社会工作的内涵。

综上所述，我们比较认同《中国社会工作大百科全书》的解释，因为这个定义比较全面，尤其突破了以问题学生为研究对象，也相对符合中国的文化及其对学校教育的理解。因此，学校社会工作属于社会工作领域的一种专业服务，它是将社会工作专业的价值观、理论、方法与技术应用于学校中，对正规或非正规教育体系中全体学生，特别是处境困难学生提供的专业服务。其目的在于通过与家长、学校、社区的互动与建立良好的协作关系，来协助学生或学校解决所遇到的某些问题，旨在促进学生的全面成长及发挥学校、家庭与社区的教育功能，进而实现学校教育的目的乃至若干社会目标。

二、学校社会工作要素

综合学校社会工作的各种定义，学校社会工作概念涉及五个方面的要素，即学校社会工作的本质属性、服务对象、社会工作者、功能、目的。以下简述之。

第一，就本质属性而言，学校社会工作即属于学校中的社会服务，是专业社会工作者运用社会工作的价值观、理论、方法与技术，在学校领域实施的一种专业服务，从而区别于社会工作其他实务领域的社会服务。

第二，就服务对象而言，学校社会工作是以全体学生，尤其是学习和“社会-情绪-文化”适应困难的学生为服务对象。不过，根据社会工作“人在环境中”的理论视角，为了更好地协助学生发展，学校社会工作者也将学生生活环境中的“重要他人”，如家长、学校教师、管理人员及社区人士纳入工作范围，与他们进行沟通协调或是对他们提供咨询服务，以此形成教育合力，为学生提供全面成长的服务。

第三，就社会工作者而言，学校社会工作者首先是一个受过社会工作专业训练的人，即掌握了社会工作专业的知识、方法、技巧及价值观，应具有相关专业的知识背景、人文关怀的职业态度以及以学生为本的职业道德等。不仅如此，学校社会工作者在提供服务时，一般需要与其他学校服务团队的工作者一起合作。比如，在美国，学校社会工作者属于学生事务服务人员，通常与学校心理学家、学校咨商人员、学校护士及查勤人员共同为学生提供咨询和协助服务。

第四，就功能而言，学校社会工作的主要功能是协助学生与“家庭-学校-社区”之间建立良好的关系，以解决学生在社会与情绪方面的困扰、问题，调适其偏差行为，旨在促进学生更好地成长、挖掘潜能及适应学校与社会生活，最终达到促进全社会和谐发展的目的。

第五，就目的而言，学校社会工作的目的与学校教育目的是一致的，主要是协助学生为现在及未来可能面对的社会生活做准备，以此养成健康人格，培养积极品质，优化社会关系，促使学生可以获得满意与幸福的人生。

第二节 学校社会工作的目的

学校社会工作是在学校领域中实施的一种社会工作专业服务，这种专业服务的目的必须与学校教育的整体目标相统一。概括地说，学校社会工作的目的是为学生提供一种有利于学习的环境与条件，协助学生克服困难、解决问题，以此获得适当的心智与行为发展，恢复与发展正常的社会功能，从而适应现在及未来的生活。具体地说，参照我国台湾学者林胜义的总结，学校社会工作的目的至少有以下五项。

一、促进教育机会均等

当代建构主义心理学认为，问题存在于语言中，并非个体本身。一个青少年身上的“问题”是被他周边的关系，通过社会互动内化与体验的结果。同时，根据社会工作“人在环境中”的理论视角来分析，青少年“问题”产生的根源不单纯是个体内在的原因，很多情况下是由于环境资源的不足与障碍，是多种因素互动而形成的。因此，一个青少年身上的“问题”，主要不是他们本身的问题，而是与其身边的环境密切相关。正是从这个角度看，在此需要将传统意义上的“问题学生”进行视角转换，即以“处境不利学生”替代“问题学生”，由此在“去标签化”之中带来关注视角及介入方法的转换。

根据上述分析，学生身处的“困境”源于个人成长的家庭、学校、同辈群体、社区、社会等一系列与他们生活息息相关的环境。学生处于困境中，要用自己的能力克服困境，当其个人的自我功能不够强大时，则可能会出现各种身心问题、障碍或不适应。而学校社会工作就是整合个人资源与社会资源的工作，常常通过个人需要的调节与环境资源的支持，来重构“困境学生”的环境，以此增强学生应对困境的能力或者提升个人的自我动能，更好地发挥其在家庭、学校、社区的社会功能。可见，重构“困境学生”的成长环境，是学校社会工作的切入点与重要内容。

在重构“困境学生”的成长环境中，其最重要的议题或目的是“实现教育机会均等”。在这里，随着教育的发展，因现代教育均等的观念已从重视学校教育的“投入”因素，转向兼顾影响学校教育“产出”的因素，相应地，教育机会均等则包含了两个方面的含义：其一，要求入学机会均等。即每个人不因性别、种族、年龄、家庭、社会、经济、地区等背景不同而有所差异，都有相同的机会接受教育。其二，要求每个学生都能得到适才适性的教育。即在接受教育的过程中也能得到公平合理的专业服务。比如，在我国中小学校里，可以发现少数学生态度不适当、语言鄙俗、成绩较差，甚至逃学或者出现校园欺凌现象等。从这个角度看，学校社会工作即在回应此种需要，采用社会工作专业的理论与方法，对于处境不利的学生做深入而客观的了解，给予适当的接纳、支持与鼓励，并提供专业服务，以弥补其处境不利的缺陷，协助其获得应得的教育资源，以此增进教育机会均等的实现。

二、形成优质教育的合力

从社会工作有关人类行为与成长环境的论述看，构成学生社会环境的单元主要包括家庭、学校、社区，并且三者会影响学生的学习成绩与人格的发展。

首先，就家庭而言，家庭是人类最原始、最根本的环境，是人接触社会生活的基础，而家庭对子女的影响主要是通过家庭成员关系与家庭内互动发生的。其中，家庭成员关系指家庭成员的关系类型与这些关系的性质，如家庭是核心家庭还是单亲家庭以及家庭成员之间关系的好坏，都会影响子女的行为；同时，在家庭内的互动方面，不同的家庭教养模式对子女的影响是不同的，如良好的教养模式可以使子女向着积极主动的方向发展，不良的教养模式会导致子女向着攻击性、反抗性等消极的方向发展。比如，骄纵型、支配型、专制型、放任型、冲突型的家庭教养方式，则会影响子女的价值观念及其在社会生活与学习生活上适应的不同反应；而民主型的家庭模式有利于子女的正常发展。此外，学生在家庭中的生活习惯也会影响学生在校的学习成就。

其次，就学校而言，学校是个体社会化最重要的场所，是专门为社会成员，尤其是为儿童与青少年社会化而设立的正规化的学习机构。在现代社会中，一个人约有四分之一的时间是在学校中度过的，因此，学校对个体，特别是对儿童与青少年的影响作用非常大。概括地说，学校对儿童与青少年的行为影响主要表现在两个方面：其一，学校对儿童与青少年进行长期的、系统的正规教育，传授现代社会所需要的文化与复杂的科学技术知识；其二，学校向儿童与青少年灌输特定社会的价值规范，教育他们学会遵守规章与制度，并按照行为规范的要求学习扮演各种社会角色。

最后，就社区而言，社区生活强化了未成年人的群体意识与共同体意识，并拥有社区成员共同遵守的社会规范。精要地说，社区对未成年人的行为影响主要有四个方面：其一，帮助社区成员（包括社区的未成年人）形成某些共同的特征，如相似的社会经济地位、生活方式、文化与风俗习惯等；其二，促使社区成员之间（包括社区的未成年人之间）存在着复杂的社会交往关系，并在交往中推动彼此发生相互影响；其三，社区本身是一种社会组织，具有本身的社会规范，并对社区成员（包括社区的未成年人）的行为具有约束作用；其四，社区成员对社区具有强烈的认同感与归属感，此种认同感也会影响社区成员（包括社区的未成年人）的行为。综上所述，社区生活环境对学生价值观与行为模式有着直接的、间接的影响；而社区领导对学校设施的支持或批评，也是学生学习的一种重要的影响力。

然而，现今急剧变迁的社会环境，在削弱家庭的社会功能及致使社区解组之中，也使学校、家庭与社区关系产生了失调。对此，学校社会工作必须设法对之进行调整。本来学校教育的目的就是根据生态系统的理论基础来协助受助的学生，以促使学生不断地发生改变、成长及发展。比如，一个来自不良家庭或社区背景的学生，经过良好的学校教育，改变其价值观及行为模式是可能的，否则学校教育的价值就会受到人们的质疑。但是，学校在帮助与教育学生的过程中，常常会遭遇诸多困难与阻力，如家庭教育失职、社区环境复杂、社会影响不稳定等。如果得不到家庭与社区的配合，家庭、学校与社区不但不能形成教育的合力，反而会互相拆台，彼此阻碍。不过，从深圳社工民间服务组织所开展的学校社会工作实务的事实说明：学校在弥补家庭与社区环境的缺点或改变的过程中，若能兼顾从家庭与社区环境去改进，效果较为显著。事实上，美国早期的学校社会工作，即以访问教师的策略进行家访，后来参与社区工作，争取社区人士的了解与支持，发展至今，已成为学校制度中不可或缺的一环。因此，要增进教育功能及达成学校目的，必须从改善家庭、学校、社区之间的关系入手，而学校社会工作实施的另一个重要目的就是要协调此等关系，以此形成优质教育的合力促进学生的全面发展。

三、协助学生获得实用的知识与能力

在现代国家的教育体系中，无论是正规或非正规的学校教育，其目的之一是协助学生获得实用的知识与能力，以适应现代社会发展的需要。正是从这个角度看，学校社会工作者必须与学校其他教育人士合作，使学校能为学生提供适当的、生动的学习经验。为了达到此种目的，一个有效的学校社会工作计划，必须兼顾学生的需要、学校的特质、校内特殊的制度、学校附近的社区环境以及学生所面对的社会条件等影响因素，以此协助学校提供最有利于学生学习的环境与条件，促使学生获得一种实用的知识与能力，进而适应现代社会发展的需要。

比如，对于学习上有缺陷或者适应上有困扰的学生，学校社会工作者不仅要特别关心与留意，也常常采用特殊的方案以协助其努力学习。事实上，为节约教育经费，现代学校体系大都采用班级教学，而此种“一刀切”的教学模式的缺点是：在“应试教育”的目标下忽视了个别学生的需要，也不能达致在“多元智能”观念下引导学生获得适才适性的发展。此外，因班级教学忽视了个别学生的生活辅导，也致使学生中偏差行为与情绪问题日益增多。因此，在学校领域中开展社会工作，可以运用个案工作方法或者实施个别化的教育改革方案，以此满足全体学生尤其是处境困难的学生在知识、能力、情绪等方面的发展需要，从而补救班级教育的不足，引导学生适才适性地发展，并适应其个别化的生活需要与发展需要。

四、协助学生获得适应变化的能力

教育是一种社会化的过程，社会化是一种持续不断的变化过程，相应地，学校教育的目的不仅旨在培养学生具备现代社会生活的知识与能力，更应培养学生具有适应社会变化的知识与能力。正是从这个角度看，学校社会工作的专业服务即配合社会发展，保持与社会的协同或同步，并随时了解与回应社会对人才的要求，以此协助学生在“五光十色”的社会环境中不断成长的需要，进而帮助学生学习并掌握适应社会变化的能力。以下简述之。

首先，从现代社会发展的角度看，在学校中实施学校社会工作，具有人力投资的目的。因为一个现代社会的发展，首先重视人力资源的培育，而人力资源培育应兼顾学生的身体、情绪、社会三方面的均衡发展和其适应变化的能力。同时，这些能力的发展，一般由卫生、教育、福利三方协作完成。其中，学校社会工作在本质上属于增进学生福利的社会工作，其服务的对象是学校体系中的学生，而这些学生在学校的学习过程中或多或少会遇到心理与社会适应的问题。因此，学校社会工作常常通过整合性专业服务的提供，来协助学生适应社会变迁及社会发展的需要，由此激发其成长潜能，成为国家与社会的有用人才。

其次，在回应学生成为社会中有用的人才资源，以及培养学生具有适应社会变化的知识与能力之中，目前的学校社会工作重点也发生了变化。同时，学校社会工作者也逐渐增加了其对学校与社区中其他社会机构的关心，并协助学校通过帮助社区，比如建立青少年事务社区综合服务平台，以社区发展及学生参与社区发展的方式，来推动发展其专业服务的活动能力。由此，学校社会工作者可以协助学生了解社区经济、政治、文化的发展状况，明确学生自己的发展方向，清楚个人发展与社会进步的关系，并不断从社会进步中汲取养分，获得资源及适应社会变化与不断学习的能力，进而成为社会进步的积极力量。

五、促进学生社会化人格的正常发展

学校社会工作的终极目的是协助学生健全其社会化人格。而人格的培育与形成，尤其是青少年社会化的心智培育与形成是一种社会化的过程，此过程除了家庭以外，大部分是在正式的学校教育过程中养成的。而青少年时期是人格培育与形成的重要时期，学生在其成长的过程中须养成与其所处的社会环境统合的能力。与此同时，在学生的生命成长过程中，校长、教师、辅导员、心理学专家、社会工作者等人的各项决策及活动，都会在学生人格形成的过程中留下印记，影响学生发展与社会功能的实现，由此能够协助学生养成适应社会的能力，造就一种健全的社会化人格。可见，在学校教育中，“育人”是一个非常重要的环节。而学校社会工作者也重视学生人格的发展与完善，并且已经在塑造学生良好的人格特质中发挥着积极的作用，尤其是对于少数学习上与适应上有困难的学生，学校社会工作者更能够协助其处理学习上与适应上的问题，重视其人格统合的能力，促使其个人潜能的发展，从而可以积极面对生活上的挑战，有效地解决生活中的问题或困扰。

综上所述，学校社会工作的目的旨在运用社会工作的专业服务，形成优质教育的合力，来增进受教育机会的真正均等，协助学校充分发挥教育的社会功能，协助学生获得实用知识及适应环境变化的能力，并养成其健全的社会化人格，从而达成学校教育的目的。

第三节 学校社会工作服务项目

学校社会工作是实施于学校领域的一种专业服务。但学校领域十分宽泛，在层级方面有小学、中学、高中、大专、大学之分；在类别方面有一般学校、职业学校与特殊学校的区别，即使是同级同类的学校，学校的政策或校外的社区环境也不完全相同。因此，学校社会工作在各学校体系中所提供的服务项目也不一致。

一、针对学生“特殊需要”的学校社会工作

广义的学校社会工作是以全体学生为服务对象，狭义的学校社会工作则针对学校中学习上与生活上遭遇问题的学生提供协助与服务。学校社会工作发展之初，大都先从狭义方面入手，注意有困扰问题的学生，探寻其问题产生的原因，

分析其“特殊需要”，对症下药，予以适当的介入。一般来说，学校社会工作者遇见的学生问题各式各样，比如，逃学、学校恐惧症、暴力行为、少年犯罪、孤僻不合群、活动过多、学习困难、抽烟、家庭问题、好哭、撒谎、偷窃、不服从管教、破坏公物、骂人等，这些问题在诸多学校社会工作服务中均可能碰到。不过，概括地说，学生遭遇的特殊问题可以分为两大类，即特殊行为的问题与特殊学生的问题。相应地，协助有“特殊需要”的学生的社会服务项目，也可以分为两大类，以下予以简略介绍。

（一）特殊行为的处理

这里的“特殊行为”，主要包括厌学行为、校园暴力行为、网络成瘾行为，以及违纪行为（如说谎行为、逃学行为、抽烟喝酒等）。以下选择上述主要的“特殊行为”首先分析其形成原因，然后再讨论学校社会工作的介入方案。

1. 厌学行为

厌学行为指学生消极对待学习的心理与行为反应模式，其主要表现为学生对学习的认识存在偏见，情绪表现消极，行为上远离学习活动。就厌学问题产生的原因看，主要有：反感老师而讨厌上课；缺乏良好的学习习惯和方法；老师与家长过分看重分数而导致学生自信心不足；人际交往问题；缺乏正确的学习动机和目标；望子成龙致使学生学习负担过重，等等。

2. 逃学行为

对学生的逃学行为有多种解释观点，主要包括以下三个方面：①自身因素。从生理上看主要是学生智能不足或缺乏辨别力，易受他人暗示引诱而盲从逃学；或者由于身体有缺陷、健康欠佳，无法参加团体活动，感觉被歧视、被冷落而逃学。从心理上看主要是由于人格发展不健全，抗挫折能力低，稍遇打击则诉诸逃学等；或因抱负水平较低，自暴自弃而不想上学。②学校因素。包括编班不当对学生造成心理伤害而逃学；教材教法不当导致学生厌学；教师管教不当而引起学生不服直至不愿上学等。③家庭因素。包括家庭发生变故而引发缺乏照顾与爱，以致形成了人格问题而不想上学；父母管教不当而导致逃学行为等。

3. 校园暴力行为

校园暴力行为的产生基于四个方面的原因：①个人生理与心理因素。从生理因素看主要有：学生身体发育迅速，体力充沛，精力过剩，喜欢活动；同时，因脑下腺及性腺的功能大增，内分泌失衡，易产生暴怒、不安和神经过敏等紧张情绪，也易导致其感情用事及突发事件的发生。②家庭因素。儿童早期的家庭生活经验，父母的遗传基因，父母不当的教育方式与亲子关系，以及父母的不良婚姻关系等，均可能导致孩子的暴力倾向。③学校因素。不当的师生关系、不当的教材教法、沉重的功课压力，也可能给学生带来充满挫折感的学校经历，转而出现打架滋事、破坏公物等暴力活动。④社区因素。社区环境不良，易导致不良青少年聚集滋事，学生学习暴力行为的机会增多。同时，不良的大众传播内容也易使青少年耳濡目染，模仿类似的暴力行为。

4. 网络成瘾行为

网络成瘾是指由于对互联网过度依赖而导致的一种心理异常症状及伴随的一种生理性的不适。一般来说，引起网络成瘾的原因主要有三点：①网络虚拟世界能满足青少年“寻求好玩、刺激”的心理需要，但因青少年心智发展不成熟，尤其是自控能力很差，他们容易陷入网络虚拟世界而不能自拔。②家长工作繁忙，缺少亲子交流，忽略了孩子内心的真正需求，孩子便转向网络世界来满足需求及寻求情感安慰。③在应试教育的成长环境中，学生课业负担重、压力过大，因此，他们易从网络世界中寻求种种解脱及释放压力的方式。

5. 针对学生特殊行为的专业服务

具有特殊行为问题的学生，往往具有特别的个人经历、失败的家庭教育，或者不良的社会影响。因此，学校社会工作者在对这些特殊行为学生进行辅导时，要警惕及不断反思自己的立场与取向，尽可能避免对于他们的标签与排斥；同时面对学生的特殊行为形成的复杂原因，需要更多地从社会环境与学生个体成长的互动状态中去理解、体会、包容、尊重与倡导。在此基础上通过专业社会工作方法进行辅导，才能取得比较好的效果。

具体地说，对于学生的特殊行为开展社会工作应形成整合的观点，而其主要的服务介入方案包括：①开展深入细致的个案工作。即在个案辅导中，首先应建立起接纳、尊重、关怀、温暖的专业关系，并缓解学生的不良情绪。在此基础上再引导学生认识问题行为的原因与后果，提供心理与情感支持，从而协助学生建立正确的学习态度与方法，并促使其行为改变及形成良好的行为等。②建立小组及形成正向的影响。即运用小组工作方法，在宣泄学生的情绪与压力中，获得彼此支持、交流成长体会与学习成长经验等，以增强其正向动机，提高其改变的自信心。③关注家庭、聚集力量。即运用家访或家长会，宣传亲子教育方案，促使家长改善家庭环境、改变教育理念与技巧，以协助家长识别并改变孩子的问题行为。④开发社会资源、争取社会支持。即学校社会工作者应努力协调公安、校外教育机构，取缔社区内的不良场所；同时应协助社区创立健康的、积极的青少年活动空间及青少年事务社区综合服务平台等，以此优化青少年成长的社区环境。

（二）特殊学生群体的介入

这里的“特殊学生群体”，主要包括继父母家庭的学生、单亲家庭的学生、残疾人家庭的学生、服刑人员家庭的学生、转学学生及特长学生等学生群体。

针对特殊学生群体，学校社会工作者可以从以下几个方面开展工作：①情感支持。即通过个案会谈予以情绪支持，并协助学生表达心声，宣泄情绪，增强自信，发现自己的能力与资源。②发展支持系统。即采用小组工作方法，把相似家庭背景的孩子组成一个互助小组或成长小组，让他们相互支持，共同探讨解决问题的方法，并挖掘学生与家庭的潜力与资源，以形成社会支持系统，用积极心态面对生活。③挖掘社会资源。即运用社区资源协助家长解决子女的照顾问题，解决经济问题。比如，学校社会工作者可以呼吁相关社会机构、民政部门或有关团体关注特殊家庭子女的社会处境，敦促这些家长寻求社会救助；利用学校资源为家长开办文化补习与就业培训；协助社会为家长提供工作机会；运用社区资源（如托儿所等）协助家长解决子女照顾问题；协助家长形成互助团体，以优势互补及互助方式来解决现实问题等。④开发学生潜能。即从优势视角出发，协助这些学生在家庭困难中发现自己的优势与抗逆力，激发其生命力量，挖掘成长的潜能，以此达到自我引导与自我实现的目标。

二、针对全体学生“一般需要”的学校社会工作

所谓全体学生“一般需要”，指学生在生命成长过程中的基本需要或正常需要，包括建立健康的生活方式、形成内部的学习动力系统、职业生涯的规划设计、人际关系的处理、完善自我意识、调节情绪问题及积极应对压力等。相应地，学校社会工作针对全体学生“一般需要”的社会服务项目，则涉及生活辅导、学业与职业生涯辅导、人际关系辅导、自我认知与自我探索的辅导、情绪觉察与情绪管理的辅导等。以下简述之。

（一）生活辅导

全体学生的生活辅导指协助学生建立正确的生活态度与健康的生活方式，其具体的内容有：帮助学生明确生活目的，树立正确的价值观与人生观；培养学生对社会角色的认同，成为合格的社会成员；培养与锻炼学生的生活技能；丰富学生生活及提高学生的生活质量等。学校社会工作者可以采取个案辅导、团体辅导、危机介入及辅导等方法，为学生提供生活辅导的各种服务。比如，学校社会

工作者可以运用个案工作方法，对学生的社会交往实践予以指导，以此提高学生的合作精神与正确认识自我等综合素质；又如，运用团体辅导，即通过成长小组，可以引导学生形成健康的生活方式，树立正确的消费观等。此外，对学生重大创伤事件，学校社会工作者还可以进行危机介入及辅导。

（二）学业与职业生涯辅导

学习知识与掌握技能是学生的重要任务，也是学校的教育职责，学校社会工作者有责任引导与帮助全体学生更好地学习。不仅因此，针对学生的学业发展与生涯规划的需要，学校社会工作者可以运用社会工作的专业方法展开实务介入。比如，通过个案辅导，学校社会工作者可以帮助学生进行生涯规划，包括两个部分的工作：其一是生涯规划，即协助学生了解生涯规划的重要性，初步思考自己的职业生涯，树立规划的意识，并通过自我探索与对外在世界的探索，思考与确立自己的职业生涯目标；其二是生涯规划的准备，包括学习规划、能力建设与素质培养三个方面。又如，通过团体辅导，学校社会工作者可以让学生在参与中成长。一般来说，此类学业发展与生涯规划的小组设计，主要包括了四个方面的内容：其一，明确生涯目标。即帮助学生了解当前的生涯发展任务，初步树立生涯规划的意识，并运用简单的生涯规划的模式与技巧思考与确立自己的生涯目标。其二，注重能力培养。即帮助学生认识到现实生涯目标所应具备的素质与能力，并培养与养成学生的学习能力、人际沟通能力、时间管理能力、生活管理能力等。其三，结合学习生活。即帮助学生认识到学习阶段是生涯规划的基础阶段与探索阶段，应调整狭隘的学习观，学会学习，掌握适合自己的学习方法。其四，优化学习方法。即引导学生做出符合自己生涯规划的学习规划，从战略意义上优化学习方法，以此培养学生创造性的思维，提升其学习资源的整合能力及注意力的集中等。

（三）人际关系辅导

人际交往是青少年的重要生活内容，主要包括家庭关系、同伴关系、网络人际关系、其他人际关系等。这些人际交往关系对青少年的成长产生了重要作用。而作为学校社会工作者，则可以从以下几个方面来展开学生的人际交往辅导，包括：其一，培养学生良好的交往动机与交往品质，促使学生的合作意识与能力、自我认知能力、沟通交往技巧等，均有良好的提高；其二，拓展学生的人际交往能力，促使学生的领导才能、社交礼仪、交往态度等不断提高；其三，对人际交往障碍与人际交往偏差的学生提供矫正与帮助，以促使他们尽早养成良好的人际交往能力。比如，针对遭遇人际关系困扰的学生，学校社会工作者可以运用个案工作与小组工作方法进行辅导，通过协助学生自我觉察、提高学生的个性品质、促进学生养成技能及协助学生自我成长等，可以有针对性地帮助学生解决人际关系中的困惑与问题。

（四）自我认知与自我探索的辅导

自我认知又称自我意识，或叫自我，是个体对自己存在的觉察，包括对自己的行为与心理状态的认知，心理学一般从自我评价、自我体验与自我控制三个方面来分析青少年自我意识发展的特点。从这个角度看，为了帮助学生达到自我评价、自我体验与自我控制三个方面的自我平衡，学校社会工作者在对学生进行辅导时，可以利用社会工作的专业方法，如通过习作练习、极限挑战及情景剧等方式，来协助青少年开展自我认识与自我探索，以此实现青少年的自我接纳、自我完善乃至自我实现。举例来说，根据罗杰斯（Rogers）的“自我论”中的“自我概念”、韦恩斯坦（Weinstein）的“自我探索历程”等理论观点，学校社会工作者可以帮助青少年通过“自我概念量表”测试、“生命环活动”“自画像”“生命线”等活动，开展青少年的自我认识与自我探索，从而协助青少年更好地认识自己及其未来发展的可能性，由此挖掘其内在潜能，强化其自我表达，提升其自我觉察与觉察他人的能力。

（五）情绪觉察与情绪管理的辅导

著名的心理学家霍尔把青春期说成是情绪情感的暴风骤雨期，这就是说青少年很容易感情冲动，其情绪情感变化强烈。同时，此时的青少年情绪情感最突出的特点是两极性的表现。比如，强烈、狂暴与温和、细腻并存；可变性与固执性共存；内向性与表现性共存。因此，对学生的情绪管理辅导是青春期青少年发展的重要需要。而学校社会工作者在对学生进行情绪管理辅导之时，可以通过学校社区工作宣传的方式进行，以此让学生认识到情绪波动是一个正常的现象；同时，也可以通过小组工作方法，让学生一起分享情绪控制的经验，而对那些有着深刻情绪体验的学生，也可以开展个案工作。然而，不管是以上哪种方式，均旨在使学生认识、掌握及正确处理情绪，以此做情绪的主人，顺利度过青春暴风骤雨时期。

三、协调学校、家庭、社区关系的学校社会工作

学校、家庭、社区是学生生存与发展的基本空间，是影响学生的心理、行为与学习成绩的三大要素，也是促进学生形成社会化人格的三大基本力量，三者在不同的渠道以不同的方式共同对学生的发展起着不同的作用。然而在现实中，这三种教育力量常常是孤立的、分散的，甚至在许多情况下还存在着相背离、相抵消的状况。而学校社会工作可以把社会工作原则、方法与技术运用到学校环境中，促成学校、家庭与社区之间的协调合作，协助学校形成“教”与“学”的良好环境。因此，学校社会工作者所接触的不仅是孩子与学校，还包括家庭与学校、社区与学校，从而能够结合家庭与社区的力量来开展学校社会工作，以下简述之。

（一）与教师与家长沟通，解释学生问题的内涵

因学生的家长与教师是学校社会工作的重要资源，也是学生最亲近的辅导人员。因此，学校社会工作的一项重要原则是强调一起工作，即引入学生的家长与教师参与学校社会工作。比如，在适当的时候，学校社会工作者应就学生的问题与评估结果，向教师及家长解释，并与教师及家长共同讨论学生面临的问题，一

起为学生提供帮助。不过，此项解释的工作须谨慎与自然进行。因为今日的教师均受过专业教育，具有心理学的某些评估及诊断技术，加之，教师将遭遇问题的学生转介给学校社会工作者，通常意味着这位教师已竭尽全力去处理问题，只是仍然希望其他专业人士的协助。从这个角度看，与其说是学校社会工作者向教师解释问题，不如说是共同讨论问题，以便争取教师对学生有更多的接纳与协助。此外，家长对子女总是爱护备至，也对子女问题有一些理念及有用的介入建议。因此，学校社会工作者可以利用家访的机会，听取家长对子女问题的看法，以学生顾问的角色，介入问题的讨论。

（二）为学生及家长提供小组工作

如果一群学生遭遇相同的问题，其家长也往往具有类似的特质与共同的需要。比如，对于虐待儿童的家长、学习障碍学生的家长、身心障碍学生的家长、人际交往有障碍的学生家长、要求改善亲子沟通的家长，等等，学校社会工作者运用小组工作方法则是比较好的一种服务方式。具体地说，以身心障碍的学生家庭为例，社会工作者面向家长的小组辅导，可以考虑以下角度：其一，推进照顾服务。即将学生的家长组成团体，共同商议推进照顾服务的方式，如建立身心障碍儿童的临时照顾中心或课后照顾服务。其二，鼓励家长改变态度。即要消除家长的自卑、重建自信，以平常心态对待残障孩子，并争取社区接纳与融入主流社会。其三，提高家长的护理水平。即通过教育与咨询服务，引导家长了解身心障碍学生的疾病特点、护理技巧，以提高家长的护理水平。其四，与家长一起探讨孩子的未来问题。如职业训练的机会、就业的远景、结婚的意愿及为人父母的职责等，并提供社会资源与咨询服务。又如，以虐待儿童的家长小组为例，由于此类家长的生活孤独、性格封闭及缺乏社会技巧等，他们常把自己与家人（包括上学子女）孤立于社会其他人之外，对待孩子与本人只考虑自己的感受。因此，采用小组工作方法就可以提供机会，来鼓励受虐儿童的家长与其家人共同参与社会互动，以此提升其交往技巧、自信心，以及与他人相处的能力。

（三）为学校人员提供咨询服务

学校社会工作是学校领域的一种专业服务，目的在于达成学校教育的目的。学校社会工作者必须与教师、行政人员及学校其他人员协力合作。此时，学校社会工作者有责任对学校其他人员提供咨询服务。具体地说，学校社会工作者为学校人员提供咨询服务，主要包括：其一，收集并沟通与学生有关的信息，以更好地提供咨询服务。比如，一旦教师、校长、学校工友或特殊教育的教师请求协助时，学校社会工作者要发挥咨询师、辅导师、协调者等多种角色。其二，配合学校的政策与发展，为学校人员提供咨询服务。比如，学校讨论政策决定时，常常需要学校社会工作者提供各种有关资料以备参考，如学生的旷课率、学生心理状况、学生犯罪资料、身心残障学生或某些特殊学生及特殊问题等。而这些有关资料的提供，可视为咨询服务的一部分。其三，学校社会工作者因经常从事学生-学校-家庭-社区之间的联络工作，也可以对学校人员提供其他有关家庭访问的资料、社区支持机构或社区资源等咨询服务。

（四）参与社区发展工作

社区是学校的所在地，也就是学校的背景，它一方面为学生提供校外的生活环境，一方面也为学校提供价值基础。基于此种观点，学校社会工作者在处理学生的困难问题时，不能忽视社区的影响因素，并在拟定学校的社区工作计划时，应设法争取社区人士与社区机构的了解与支持，而最直接的有效的途径是参与社区发展工作。不过，学校社会工作者参与社区发展，需要注意以下问题：其一，学校社会工作者参与社区发展的目的是增进学校与社区相互了解及互动，以此共同协助学生有效地发挥正常的社会功能及实现学校的教育功能。其二，学校社会工作者参与社区发展的主要工作是运用社区工作的知识与技术，协助社区管理机构召开会议，拟定计划、运用资源，并开展各项社区活动。比如，为了增进父母与子女的相互沟通与了解，学校社会工作者在学校所在社区举办了一个由父母与孩子组成的快乐亲子小组，并且这个小组经历了从“快乐宝贝”到“快乐爸妈”的发展过程，达到了社区层面的亲子沟通教育的目的，而此项服务活动就是学校社会工作者参与社区发展的一个实例。其三，学校社会工作者与社区的关系是一种专业关系，即一切参与都是为了协助学生良好适应及发挥学校功能的目的。

（五）开发运用社区资源

早期的学校社会工作，强调采用个案工作方法为学生提供直接服务，目前的趋势是主张运用社区资源，适当采用间接服务的方式协助学生。因此，学校社会工作的重要服务项目之一是为学生寻求社区资源并善加运用。一般来说，社区资源分为人力资源、物力资源、财力资源、文献资源、组织资源五种，相应地，学校社会工作者在开发运用社区资源中也有五种方式：其一，开发运用人力资源，如在协助学生的过程中，学校社会工作者可以向社区机构专业人员咨询或转介；其二，开发运用物力资源，如通过社区刊物，报道团体活动信息；其三，开发运用财力资源，如鼓励社区人士捐助贫困学生；其四，开发运用文献资源，如参考社区支持机构有关学生的资源；其五，开发运用组织资源，如发展社区内的团体，举办相关的团体活动等。此外，社区资源可以根据其被发掘与运用的程度分为显性资源与潜性资源。对于显性的社区资源，我们可以直接加以开发利用；而对于潜性的社区资源，我们也应把握其开发的可能性，随时加以培育、创造与运用，使其成为协助学生的有利资源。

四、领导学校辅导工作的有关人员

在美国，学校社会工作通常采用多学科团队的方式，由学校社会工作者与学校心理学家、学校咨询人员、学校护士及查勤人员一起为学生服务，而学校社会工作者则担任团队的领导人员，负责学校辅导工作的规划、联络、推动、评价及文书处理等行政工作。而在我国台湾，随着学校辅导工作的扩充与体制化，在心理辅导、教育咨询及学校社会工作等有关人员组成的团队中，学校社会工作者以其具备学校、家庭与社区间联络人员的特质与经验，正在充当团队的领导者，并为团队成员提供行政服务工作。

深圳大学法学院社会学系教授李晓凤曾在《当代中国高校心理咨询团体对大学生心理咨询的理解——从学校社会工作咨询的角度》的研究报告中指出，从高校心理辅导三个团体（即爱心派教育工作者团体、思想政治教育工作者团体、医务人员与心理学者团体）的心理辅导与学校社会工作辅导的关系分析中，提出了学校社会工作辅导能把不同取向的心理辅导连接起来，并成为它们的“核心”“领头羊”，或“中心”。在此基础上，此报告进一步引申出了学校社会工作辅导在内地高校发展的两个重要启示：一是高校心理辅导团体对大学生心理辅导的“差异性”理解与在专业化角力中的排斥或斗争，造就了学校社会工作辅导在内地高校广阔的发展空间，由此使不同心理辅导团体之间的矛盾能在学校社会工作辅导中得到补足；二是高校心理辅导团体对大学生心理辅导达成的基本共识，正是学校社会工作辅导的核心或核心关怀，由此促使学校社会工作辅导成为联结不同心理辅导团体的大学生心理辅导的纽带与桥梁。简言之，这篇研究报告认为，学校社会工作者能在家庭、学校、社区互动的支持网络的编织中，运用社会工作的专业理念、方法与技术，协调学生与“学校-家庭-社区”之间建立良好的相互关系，并为大学生成长营造更有利的家校与社会支持的环境，以此能增进教育功能的充分发挥。正是从这个角度看，李晓凤认为，学校社会工作者将充当着学生辅导者团队的领导人，也能把高校不同取向的心理辅导整合为以大学生为主体的“人的发展咨询”。随着中共中央组织部在社会工作人才队伍建设规划实验中提出“一校一社工”的目标，以及深圳、广州、上海、北京、武汉等地的学校系统中学校社会工作的迅速推展，部分地区已在推进学校社会工作的体制化。尤其是汶川地震后，我国社会工作教育协会曾发起会员单位师生参与灾区重建的学校社会工作项目，则初步显现了我国学校社会工作者在学校辅导团队中的领袖作用。由此，在我国学校的学生团队中，即由教育工作者、思想政治教育工作者、医务人员、心理学者及学校社会工作者等组成的工作团队中，学校社会工作者在未来必将成为团队中的领导者。

学校社会工作者在学校体系中扮演什么角色，是由其在学校体系中的地位与作用决定的。综合不同学者的观点，学校社会工作者在学校相关服务中可以扮演多元化的角色，主要包括咨询者、使能者、辅导者、合作者、教育者、调停者、倡导者、管理者等。

（一）咨询者

在这里，"咨询"是一种介入方式，它通常是一名专业顾问或一名为他人提供直接服务的被咨询者，与服务对象以一种自愿的关系，通过分享问题解决的过程，以解决一个与工作有关的问题。而学校社会工作者因其具有学校工作的坚实的专业知识与较丰富的经验，经常会对教师、学校负责人、其他学校人员或社区人士等，提供信息、培训与支持，并帮助咨询者制订一套活动计划。计划一般集中在个别学生、单个家庭或者班级，政策或者程序，或者服务与项目。比如，教师希望经常得到建议与培训，以解决学生在课堂上的行为问题。对此，学校社会工作者会以"顾问"的身份，进行短期培训与支持性的介入对教师进行帮助，使其感觉有能力对学生的行为做出一些改变。又如，一名学校社会工作者在高中通常作为顾问的角色，给校长与老师提供有关社会功能与精神健康问题的咨询。举例来说，校长希望学校社会工作者为如何帮助从精神病医院中康复的学生建立一个同辈咨询团体提供指导，并希望知道这种同辈之间的咨询模式是否有效。对此，学校社会工作者常常会采取一种探索的方式，通过从正反两个方面来询问一些问题，以此帮助校长根据其思考的内容形成一个明确的观点，并决定是否继续使用同辈咨询团体。

而从国外众多的相关研究中发现，传统的治疗服务是学校社会工作者在学校内工作的重点。然而，经过一段时间的变化，"临床的"的含义由原先狭隘的、仅指社会工作者所从事的精神病治疗的社会工作或者所提供的长期治疗服务，扩展为给个人、家庭与小团体提供的各种直接的介入服务。一般来说，临床服务的提供会根据家庭、学校、社区之间的联系而进行，而学校社会工作者试图将一个学生所遇到的困难定位于学校，并寻找父母及其他社会机构在解决该问题过程中的不可或缺性。因此，学校社会工作者处于临床介入的角色时，其工作也会力求同时促进社会心理的变化与社会系统的变化。相应地，学校社会工作者也可以与学生、家长开展咨询会议，或者开展小型的以治疗为导向的支持性团体，以此帮助学生及其家庭有所改变。

（二）使能者

使能者角色的中心内容是通过使用各种技巧，帮助学生、家长或其他人员发现其内在的能力与资源，以完成其既定的改变目标。有时，学生身陷于困境之中，不能利用自己的力量或内在资源（如能力与技巧）去回应遇到的困境。对此，学校社会工作者应协助学生运用其内在资源、改善其社会功能。比如，社会工作者可以帮助学生反思与问题情境有关的态度、感觉与应对的方法，帮助学生去获得个人的成长。可见，这种增能的角色功能建立了一种内在的控制点，目的是协助服务对象发挥其能力或促进其能力建设，助人自助，以此面对现在的与未来的挑战。比如，一名学校社会工作者是家长小组的协调者，并在发展性课程的工作坊中协助小学校长。处于这样一种角色，学校社会工作者会鼓励一名家长作为该小组的领袖来领导这个团体，同时也会引导这位家长领袖通过自己的努力来寻找资源。而每当这名家长带领团体取得进步时，学校社会工作者都会对其自主性或能力进行表扬与强化，由此促进了家长的能力建设。

（三）辅导者

学校社会工作是运用社会工作的理论、方法与技术，对全体学生尤其是“处于特殊困境”的学生提供的专业辅导，因此，学校社会工作者的基本任务是辅导全体学生尤其是学习生活适应困难的学生来实现助人自助的。不过，为了更好地协助学生发展，学校社会工作者也将学生的家长、学校教师、管理人员及社区人士纳入工作范围，与他们进行沟通协调或是给他们提供辅导，从而形成教育的合力。从这个角度看，学校社会工作者常常要扮演“辅导者”的角色。概括地说，学校社会工作者的辅导工作主要包括：为个别有“特殊需要”的学生提供个案诊治与辅导；为全体学生提供“发展取向”的生活辅导、学业辅导、职业辅导、人际关系辅导、自我认知辅导、情绪管理辅导等；为学生团体与家长团体提供小组辅导；以专业顾问的身份为学校人员提供辅导；在社区从事社区发展，开发社区资源的辅导；在学生工作团队中担任领导者的团队辅导。

然而，作为学校体系中的一种专业，学校社会工作的辅导并非无所不包。在这里，应注意区分学校工作中的学校社会工作者辅导、学校教育工作者辅导、学校心理咨询者辅导之间的区别。正如有些学者所指出，可以将“辅导”做出不同层次的理解，比如“辅导”的狭义理解是心理治疗，广义的是辅导，最广义的等于教育。不过，在学校的辅导工作中应彰显学校社会工作辅导的独特性，并注重学校社会工作辅导与其他专业辅导之间的区别。学校社会工作辅导是从社会工作观点，通过个案工作、小组工作、社区工作等方法来提供专业辅导的；而学校教育工作者辅导是从教育学或思想政治教育学的观点，提供教育尤其是思想政治教育的计划及人生辅导的；至于学校心理咨询者辅导则是从心理学观点，提供心理测验与心理辅导或心理治疗的。

（四）合作者

“合作者”这个角色不同于咨询者的角色，它表明在不同的时间与不同的场合，虽然参与者是不同的，但能够做出同样重要的贡献。在这里，“合作者”表示通过交换信息，共同努力来达到解决问题的目的。因此，一个合作关系意味着能够激发出更多的、超过任何个人所能独立创造出来的观点、方法与解决方案。同时，一个团队合作的层次越高，团队被加强的程度越高，从而更能采取共同的行动，承担共同的义务来完成目标。尤其是在今天的学校环境建设中，解决学生或学校所遇到的问题，是一项复杂工程，包括大量的协调工作。比如，协调学校有关部门之间关系，协调学校管理者与有关教师之间关系，协调困难学生与师生之间关系，协调学校教育、家庭教育、社区教育的关系，等等。因此，建立学校社会工作者与其他服务提供者之间的关系，对于提高学校社会工作在学校实践的有效性是非常必要的。

作为“合作者”，学校社会工作者应如何与不同的专业团体之间展开合作呢？有以下建议与方法：（1）积极、肯定并且乐于接受合作；（2）建立学校团队并在团队内部设定领导者与协调者的角色；（3）与机构、合作者共同努力以克服那些阻碍他们融洽相处的障碍；（4）在遇到资源冲突或者争吵时作为调停人；（5）作为领导者积极地开拓与分配资源；（6）为了维持项目与关系，要与学校与机构合作并签订正式协议，由此达成真正的认同；（7）帮助其他专业团体的合作者获取学术上的成果以及行动上的成功。

（五）教育者

教育者指学校社会工作者对学生、教师与家庭开展工作之时，提供的特殊信息、知识的传授，以及协助其深化理解的过程。不过，学校社会工作者作为“教育者”，与学校教育者的最大区别是，学校社会工作者通常将教育工作与服务工作相结合，其教育活动渗透于专业服务之中，并以活动引出主题。比如，学校社会工作者为家长与教师提供研习会，常常会用专业活动探讨如何为人父母、净化价值观与学习沟通技巧等。其中，“技巧训练”，如抚育训练与社会技巧训练，是学校社会工作者履行其“教育者”角色众多方法中颇为重要的几项。一般来说，技巧训练是以心理学方法教育、社交学习为基础，假定服务对象缺乏符合社会要求的相应行为，通过训练则能改变其行为模式。同时，社交技巧训练、解决问题训练、愤怒情绪控制训练、抚育训练及生活技巧训练等，即是学校中较为实用的典型技巧训练项目。

而学校社会工作者如何更好地扮演“教育者”的角色，以下教学方法可以作为参考或指引。(1) 在开展教育活动时，服务对象需要了解当前的信息，如问题解决的步骤。(2) 运用技巧示范。如由学生提问，社会工作者演示如何解决问题，而服务对象在旁观看。(3) 通过角色扮演来教授实践技巧。如扮演学生的角色并与社会工作者共同解决问题。(4) 根据服务对象在技巧实践过程中的表现提供反馈，肯定并提供积极的、正确的反馈。(5) 在现实世界中进行实践，如社会工作者要求学生根据问题的现实环境进行实践。(6) 评估。即学校社会工作者要确定时间来评价学生在现实世界中的表现与实现改变的每个步骤。

(六) 调停者

这里的“调停”，指解决学生、社会系统和其他个人或组织间存在的争议，以促使各方找到共同点，解决冲突。而学校社会工作者作为“调停者”，指帮助调解学生与他们所处环境之间的矛盾与纠纷。比如，学校社会工作者在帮助因不同原因而被开除的学生之时，则会扮演“调停者”的角色。具体地说，在扮演“调停者”的角色中，学校社会工作者首先会评估学生的问题。如果学校社会工作者认为，最适当的介入是帮助学生重返校园，那么，工作者就要充当校方与学生之间的调停人。一方面，工作者要让校方相信，让学生返回学校有好处，虽然这样做会使学校的权威性与决定权受到挑战；另一方面，工作者又必须使学生相信，重返校园对学生至关重要，学生应该接受学校给他的附加条件。之后，学校社会工作者在参与此类的相互适应与替对方考虑的活动中，终于使校方与学生达成了一致的意见。这就是学校社会工作者担任“调停者”的过程。

此外，据相关研究表明，学校暴力的严重程度小到操场上的打斗，大到突发性地造成人员伤害的暴力行为，均引起了社会各方的关注，而冲突解决模式也越来越成为了解决学校暴力问题的预防手段。因此，学校社会工作者在传授这个模式的技巧，以及运用此技巧来解决同辈群体之间的冲突、学生与老师或学校行政机构之间的冲突及家长与老师之间的冲突之中，均起到了积极的作用。比如，一位学校社会工作者找到小学的校长，这位校长因学校冲突解决项目而刚刚上任。

学校社会工作者在这个项目中成为合作者，并就卷入暴力冲突事件的少数学生展开了辅导，教授给学生在解决纷争时可选择的方法及可用于整个生活的技巧。可见，调停手段可以有效地平衡学生与组织之间的需求，并提供一定的模式来解决对学生日常生活中有破坏性的及负面影响的问题。

（七）倡导者

倡导者的角色与调停者的角色有所不同，调停者的目的在于通过调解双方的冲突以达到矛盾解决；而倡导者角色的目标是为学生服务。从“倡导者”角色的假设看，它认为学生问题的根源在于社会结构的问题，学生问题的产生与家庭、学校、社区环境状况有直接的关系，需要社会环境做出改变。这样，学校社会工作者就需要充当“倡导者”的角色，以此为学生做宣传，并代表他们争论、协商、处理问题，以及为他们争取利益。比如，当弱势群体（如发展性残疾学生、未婚先孕学生、问题学生及资源有限的家长等）不能够为自己倡导时，学校社会工作者“倡导者”的角色对他们的支持尤其重要。不过，学校社会工作者要成功扮演“倡导者”，其先决条件主要有：学校社会工作者应有组织、动员及进行社会倡导的技巧，同时，他们必须具有分析社会问题尤其是分析学生问题与公共政策的能力，以及对社会有个人的独立见解。因此，学校社会工作者才能在学校教育中担任好制度的建设者、推动者、监督者，从而形成教育合力促进学生全面发展。比如，一项社会政策会影响学校与社区的儿童及青少年的社会发展与情感发展，那么学校社会工作者就可以影响、发起与完善这项政策。如学校社会工作者可以通过政策制定委员会、拟订授权书以及成为职业组织中的一员，在促进有利于教育进程的项目开展上具有积极的作用。而对于这个角色而言，何时何地运用政治手段则是必需的技能。

（八）管理者

学校社会工作通常采用多学科团队方式为学生提供服务，加之，学校社会工作者又担任团队在学校中设计与提供领导人员，这样，每位学校社会工作者都是一个管理者。相应地，工作者社会工作服务，则需要策划、协商、执行、评估等管理技巧。在这里，管理者的角色可能更加正式，社会工作者可能要承担“团队领导者”的管理职责。同时，管理者也应当包括协调的角色，要求社会工作者有能力理解与理清学生与多种服务之间的关系，梳理不同的学校、社区以及服务机构之间的联系。比如，在学校所在的地区中开展与学校相关的项目，促使了学校社会工作者的管理者角色拓展到校园中。举例来说，一些社会机构与精神健康机构的工作人员，要求对小学生服务团队的一系列项目与专家给予全面的关注，这就要求学校社会工作者对其工作的职能做出一些调整，以使其提供的诊断与咨询服务也能由其他社会工作者提供，并成为其他精神健康团体治疗工作的一部分。因此，学校社会工作者在这项与学校相关的诊疗项目中发现了新的管理者角色。

此外，需要指出的是，在今天，社区服务机构是最常用的资源，但在社区与学校中有很多其他可以利用的资源似乎又不能被利用，这样，许多学校社会工作者便成为预先干预团队的个案管理者。无疑，个案管理者的角色则为学校社会工作者解决学生的问题提供了可以支持的资源。比如，个案管理需要追踪学生在学校中获得的这些服务，这样，与学校相关的服务项目则需要学校社会工作者能够管理更多的、复杂的个案，并且新的角色也需要学校社会工作者担当起社会服务协调的职责。

第二章　学校社会工作特点与定位

在社会急剧变迁、社会文化复杂多样的环境中，学生的成长面临着诸多问题。依靠传统的老师对学生的训导、一般的思想政治工作已经不能完全解决学生的问题，而学校社会工作可以在帮助学生成长方面发挥更加积极的作用。然而，学校社会工作与学校的德育工作、心理健康教育、班级管理、生活管理的关系是什么？学校社会工作凭借什么独特性可以帮助学生正常地学习与健康成长呢？又该如何定位学校社会工作？对于学校社会工作的理解普遍存在哪些误区？我们又该如何根据学校社会工作的特点与定位来更正这些误解呢？这些就是本章要讨论的重要议题。

第一节　学校社会工作特点

根据学校社会工作发展历程，我们发现，与学校其他相关工作，比如，学校德育工作、管理工作、教学工作、心理健康教育等相比较，学校社会工作具有明显的特点，并且可以从学校社会工作的一般特点及其在学校学生工作中的独特性，来认识与分析学校社会工作的特质。

一、学校社会工作一般特点

长期以来，在我国的学校工作中均致力于通过思想教育与班级管理来解决学生问题，并形成了传统的行政性学校社会工作，而专业学校社会工作没有得到实质性的发展。然而，学校社会工作不同于传统的行政性学校社会工作，二者之间的明显区别是，学校社会工作是一项独立的、专门化的学科，有自己的理论与方法体系，形成了自己独特的工作特点，即具有专业性、科学性、实务性等一般特点。同时，因学校社会工作的服务对象大多是青少年，这就要求学校社会工作在帮助学生时应以艺术化的方式来运用专业知识与技术，即它具有艺术性。以下就简要介绍上述的学校社会工作的一般特点。

（一）专业性

作为一门独立的专业，学校社会工作是以各种社会科学知识为基础的，这些知识主要包括社会学、心理学、教育学的基本理论、研究范式、学术标准、研究方法等。比如，因学校社会工作的起源与发展一直偏重“问题导向”，着重处理学生的问题，这样，学校社会工作者可以运用社会学的偏差行为理论、角色理论与象征互动论等，来分析学生的社会关系失调或社会适应欠佳的问题；可以运用心理学的精神分析理论、心理社会理论与社会学习理论等，来协助心理与社会适应欠佳的学生发展健全的社会化人格；可以运用教育学的教育目的论与教育结构论等，来探讨学校社会工作的目的及其对学校服务领域的深入理解，以此达成学校教育的目的。另外，学校社会工作者还可以运用社会工作的“人在环境中”“生态系统论”“优势视角”及“增权”等理论视角，着重从家庭、学校、社区之间互动的角度来营造学生成长的良好环境及挖掘学生个人与环境中的优势，以此形成教育合力来协助学生更好地成长。

简而言之，运用社会科学知识与社会工作的理论视角，可以探究学生个体的社会与心理需要、心理特征、心理困惑，以及化解冲突、协调人际关系，促进人们生活幸福等。由此，这要求开展学校社会工作服务的人员，应具备社会工作专业共有的学科知识、专业理论、专业价值及工作原则。与此同时，学校社会工作的设立与开展也必须遵从本学科的专业要求，并在机构设置、人员安排、工作组织、活动推进等方面坚持专业标准，遵循专业规范，履行专业伦理，遵从专业价值等，以此保证学校社会工作形成一种健康的发展态势。

（二）科学性

学校社会工作作为一门实务学科，其科学性不仅体现在一般性地运用社会科学理论，更是对于这些理论的运用达到了学科的目的，即由此形成学校社会工作领域中实施的理论模式、具体方法、实务原则及工作程序。

1. 从实施的科学理论模式看

学校社会工作目前已发展出了四种实施的理论模式，包括传统治疗模式、学校变迁模式、社区学校模式、社会互动模式。因此，可以使学校社会工作者在工作过程中扮演通才、直接服务者、团队领袖、辅导者、社区组织者、管理者、合作者、教育者、调停者、倡导者等角色。

2. 从具体的科学方法看

推行学校社会工作的主要形式包括个案工作方法、小组工作方法、社区工作方法。除此之外，学校社会工作者也可以运用一些社会工作的间接方法，通过社会工作行政、社会工作研究及社会工作督导等，来增加服务的效果。换言之，学校社会工作的开展可以以学校社会工作内容为重点和突破口，综合运用各种工作形式，以服务学生为目的，努力促进学生健康成长，由此增强学校教育的绩效。在早期，学校社会工作主要强调采用个案和小组的方法为学生提供直接服务，而目前的趋势是，主张运用社区资源，适当采用间接服务的方式来协助学生成长。

3. 从工作原则看

学校社会工作运用了能力原则、全人原则、社会人原则。由此，拓展了学校社会工作专业服务的三个维度，即服务宽度、服务深度、服务广度。

4. 从工作程序看

学校社会工作采用了科学的通用进程模式来开展工作，包括接案、预估、计划、介入、评估、结案。

需要指出的是，上述所有的工作模式、方法、原则、程序及步骤是在科学理念的指导下设计的。而作为学校社会工作者，对于具体方法的运用与实施要遵循学科特点，要认真掌握方法与步骤背后的科学理论，学会用科学眼光思考问题、分析问题及解决问题，特别是一些操作层面的技术与技巧，不可以随心所欲，不可以就事论事，而是要在科学理念的指导下全面研究、认真思考、科学决策、科学运用。

（三）艺术性

强调学校社会工作的科学性，不等于说学校社会工作是唯科学主义。这是因为，学校社会工作的服务对象大多是青少年，而青少年在青春期会面临反叛、要求独立、唯我独尊、追求自由、标新立异，以及不断经历“心理断乳”而带来的震荡。这就要求学校社会工作者在帮助学生时，要强调因人而异，即以艺术化而不是公式化与刻板化的方式，运用专业知识与技术来帮助学生。概括地说，作为“一门塑造人心灵的艺术”，学校社会工作的艺术性主要表现为：坚持接纳、尊重、真诚、同感等以人为本的价值追求与职业伦理，时刻把人放在第一位，把人的尊严、人的情感、人的需要放在重要地位，本着尊重人、关心人、爱护人、推动人的原则，讲究方法，灵活处理，并按照因人而异的工作理念设计规划、组织活动、实施方案。

总之，因学校社会工作面对的主要是儿童与青少年，为了保护学生的心理健康与维护孩子的尊严，讲究工作的艺术性是必需的。因此，学校社会工作者应具有娴熟的人际沟通技巧与应对各种局限的能力，应在工作中有创造性地发挥个人特长，将自己的工作风格与知识、技术、方法巧妙地结合起来。学校社会工作还鼓励工作者在不违背价值理念、尊重科学的前提下充分发挥个人所长，以丰富学校社会工作的理论与实践。只有将科学、技术、艺术（工作者的创造）融于一身，学校社会工作才能取得良好的效果。

（四）实践性

学校社会工作虽然尚不具备一整套独特的、逻辑严密的知识体系与理论，但它有自己独特的工作理论；同时，学校社会工作借用相关社会科学知识并进行有效的组合，已形成对某些现象的独特解释。这样，从理论建构、实践工作的科学性等角度看，学校社会工作属于应用社会科学，如同医学之于自然科学。而作为应用社会科学，学校社会工作显然不同于那些只注重研究行动、事件和社会条件而不注重社会作用的学科。因此，学校社会工作的专业核心问题是，如何通过专业行动促成学生与其社会环境的改变。换言之，学校社会工作者需要运用关于人类、社会等知识，但学校社会工作专业的活动不仅是发展这些知识，更重要的是利用其他学科在这些方面所取得的成果，或者说兴趣点在发展那些能应用于学校社会工作实践上的知识，以此改变学生或社会的不良状态，解决学生的问题及改善学生的社会功能。正是从这个角度看，学校社会工作者的能力表现在能将知识得心应手地转化为造福学生的社会行动。因此，学校社会工作专业在其发展过程中所要解决的本体问题是如何行动，而不是为什么行动。

根据上述分析与理解，作为“行动取向”或“实践取向”的学校社会工作者，需要植根于校园，深入了解学生的需求，深刻感受学生的内心，全面体验教师的需求，从需要出发来搭建学校社会工作的组织架构、人员结构与工作关系，以此形成紧密、灵活、系统、反应敏锐的社会工作网络。由此，可以联结学生、家长、教师、社区资源，并通过加强辅导老师和学校社会工作的合作，协助推行家长教育、家校合作、在社区内的青少年服务机构为其派出的驻校社工提供支持服务等，以协调各方面关系，来构建服务青少年成长的社会工作平台，从而切实解决学生的现实问题。

二、学校社会工作在学校体系中的独特性

一般而言，学校的工作体系中，学校社会工作者需要与学校领域的其他专业人员，尤其是与学校教育工作者（包括学校教育管理者与学校思想教育者）、学校心理咨询者等共同组成团队，为学生提供各种服务。因此，学校社会工作者只是学校的学生服务体系中的一员。不过，在学校体系中，学校社会工作者不同于其他的学生工作者，其独特性或工作特点主要表现在以下几点。

（一）采用学校社会工作理论与方法提供专业服务

学校社会工作是从社会工作的观点出发，通过提供个案工作、小组工作、社区工作等专业服务，来共同协助适应欠佳的学生改善其不良适应行为，或为全体学生提供发展服务。具体地说，学校社会工作运用社会工作的理论、方法与技术提供专业服务，主要包括：为个别有“特殊需要”的学生提供个案诊治与辅导；为全体学生提供生活、学业、职业、情绪管理及自我观价值形成的发展辅导；为学生团体与家长团体提供小组工作；为学校人员提供咨询服务；在社区从事社区发展，开发社区资源；在学生工作团队中担任领导者，提供行政服务，从而有利于学生发展。然而，作为学校体系中的一种专业，学校社会工作的服务项目并非无所不包，也不是有求必应。比如，对于由其他工作人员或志愿工作者完成的工作，以及学生事务性工作等，则应由学校教育工作者、学生事务工作者、学校心理咨询者及志愿工作者去完成。在这里，应注意区分学校工作中的学校社会工作者、学校教育工作者、学校心理咨询者之间的区别，以彰显学校社会工作在学校体系中的独特性。综上所述，学校社会工作是从社会工作观点，通过个案工作、小组工作、社区工作等方法来提供专业服务的；而学校教育工作者是从教育学或思想政治教育学的观点，提供教育尤其是思想政治教育的计划及人生辅导工作的；至于学校心理咨询者则是从心理学观点，提供心理测验与心理治疗服务的。

（二）学校社会工作强调家庭、学校、社区的协调与互动

通过文献研究可以发现，在学校社会工作已经体制化的地区，大部分学校只有一名学校社会工作者，他既要处理学生的个案，也要负责一些小组工作及大型活动，再加上日常的行政工作，一个学校社会工作者的力量是十分有限的。

此外，现时的学生问题又日益复杂，单凭学校社会工作者的力量，根本难以应对。这样，当今的学校社会工作已把思维跨越出了学校社会工作的旧范畴，构思了一套包括家庭、学校、社区的联合协助模式。究其原因，在于学校社会工作的服务对象大部分是儿童与青少年，并从属于家庭及学校两大系统内，因此，学校社会工作要妥善处理儿童与青少年问题就应从两大系统入手，而社区则作为两者的支持服务。其中，包括加强辅导老师和学校社会工作的合作，协助推行家长教育、家校合作、协助社区内的青年服务机构为其派出的驻校社工提供支持服务等。可见，当今学校社会工作的工作范围已十分广泛，服务对象也不只限于学生，还包括家长、教师及社区。

具体地说，在协调学校、家庭、社区之间关系中，学校社会工作的实务介入领域有：其一，学校社会工作者与教师、家长进行沟通，解释学生问题的内涵，一起为学生提供服务；其二，学校社会工作者为学生家长提供的服务，比如，对于虐待儿童的家长、学习障碍学生的家长、人际交往障碍学生的家长、要求改善亲子沟通的家长等，提供小组工作，以此与家长一起探讨和解决学生或家长的问题；其三，学校社会工作者为学校人员提供咨询服务，以达到学校教育的目的；其四，学校社会工作者通过协助社区管理机构召开会议，拟订计划，运用资源及开展各项社区活动等，来协助学生达到良好的社会适应及发挥教育功能，以增进学校与社区的相互了解和良好互动，从而在参与社区发展的工作中形成教育的合力。

（三）学校社会工作者在学生工作团队中担任领导者的角色

在学校工作体系中，学校社会工作者、学校教育工作者、学校心理咨询者之

间存在着相互联系，并且其工作也有一致性。比如，上述三种专业人员的服务对象都是学生，工作目标都在协助学生获得良好适应及健全发展。这样，学校社会工作者在采取团队的工作方式中，应与其他的学校工作者实行专业分工、协力合作、相互支持，以此加强学生辅导工作的效果。不过，由于学校社会工作者以其具备学校、家庭与社区间联络人的特质与经验，正在充当着学生工作团队中的领导者，并为团队成员与学校领导者提供了行政服务工作与咨询服务。比如，在制定、实施及发展学校的学生工作政策时，学校社会工作者常常需要提供各种有关资料以备参考，如学生的旷课率、学生心理状况、学生犯罪资料、身心残障学生或某些特殊学生及特殊问题等。而这些有关资料的提供，可视为学校咨询服务的一部分。然而，要担当好学生团队工作中的领导者角色，学校社会工作者需要熟悉学校教育工作辅导与学校心理咨询技术等，以有助于团队的领导与工作的评价，但其主要职责仍然是提供社会工作的专业服务。此外，在学校社会工作实务环境中，学校社会工作者在担任团队领导者时，还应特别注意与学校校长、学校教师、学校行政人员的互动关系，以下稍作一些解释。

1. 学校社会工作者与学校校长的互动关系

因校长是学校的最高领导者，学校社会工作者进入学校后要听从校长的领导。而学校社会工作者在与校长进行互动、沟通中，应注意以下几点：其一，进校后，学校社会工作者要沟通校长，并明确自己的角色、职责、任务，了解校长的愿望；其二，针对校长的期望，学校社会工作者要提出自己的工作计划，以此让校长了解自己的工作，同时争取校长的支持；其三，在具体工作中，学校社会工作者要分阶段地向校长报告工作的进展情况，遇到重大问题时，则要先请示，并等待批准后再执行。

2. 学校社会工作者与学校教师之间互动

学校社会工作者与教师接触最多，教师也是学校社会工作者共同解决学生问题的同事。因此，学校社会工作者与学校教师之间存在着以下几个方面的互动关系：其一，教师是学校社会工作者的工作对象，相应地，学校社会工作者要从解决学生问题出发，与教师共同探讨教育教学中的问题；其二，在解决学生学习生活适应困难的问题上，学校社会工作者是被咨询者，向教师提供解决这方面问题的专业知识和技巧，教师在这样的互动中是咨询者的角色；其三，学校社会工作者与教师应达成互相支持、紧密配合的伙伴关系。

3. 学校社会工作者与学校行政人员的互动关系

学生学习与生活适应困难的产生及解决，与学校行政工作有着直接或间接的关系。因此，学校社会工作者在学校中开展工作，也需要经常与学校行政人员打交道。相应地，学校社会工作者在实际工作中，应注意通过多种途径与学校行政人员进行沟通，以此建立良好的互动关系，获得他们的支持。

第二节 学校社会工作定位

专业学校社会工作在引入学校体系时，已经存在着传统的行政性非专业的学校社会工作。而这套学生工作模式产生于20世纪50年代，常常以“思想政治教育”和“学生管理”这样的名词出现，即着重运用思想政治教育方法来解决学生问题，并在计划经济条件下随着教育制度的发展而初步得到完善。但是，此种传统的行政性学校社会工作，又与国际上通行的专业学校社会工作有着明显的差别。

一、学校社会工作定位

在我国并没有严格意义上的学校社会工作，但相似的工作系统一直存在，包括学校的德育工作、共青团和少先队工作、辅导工作等。同时，自20世纪80年代开始，我国的学生工作中又引入了心理咨询及心理健康教育。因此，学校社会工作的定位十分复杂，即必须将专业学校社会工作置于德育、心理健康教育、班级管理、生活管理的关系中，进行分析与比较，才可以找到适合中国特色的学校社会工作定位。在上述关系中，学校社会工作与德育、心理健康教育的关系，其实是学校社会工作者与学校教育工作者、学校心理咨询者的关系，其本质就是有关学校社会工作的定位分析。因此，以下主要对学校社会工作与德育、心理健康教育的关系做一些具体的讨论与分析，并简略阐述学校社会工作与班级管理、生活管理的关系。

（一）学校社会工作与德育的关系

从个别化的方式、信息沟通的手段、关注思想意识等方面分析看，学校社会工作与德育工作有许多相似之处。但是，从工作的本体论、工作路径、工作对象、工作关系及工作目标等方面看，二者又有着很大的差异。具体地说，二者的区别主要有以下几点。

1. 从工作的本体论看

学校社会工作以学生为本位，即学生是学校社会工作服务的主体；但学校德育则以学校与社会的外在要求为本位。

2. 从工作路径看

学校社会工作的工作路径是“自下而上”的，即从学生的需要与问题出发，秉持助人与服务的理念，并假定学生有了难题或困难不能解决而需要帮助或协助，从而学校社会工作强调的是服务的呈现与给予，其工作方法则体现了“由内而外”与“内外结合”；而学校德育的工作路径往往是“自上而下”，即从德育与学校的规范看，假定学生是错的、不好的，从而需要教育学生，且其工作方法也体现了“由外而内”。

3. 从工作对象看

根据社会工作的“人在环境中”的视角，学校社会工作认为，学生的问题是个人与社会问题的反射，需要从改变个人与社会环境及挖掘优势入手来解决问题。因此，学校社会工作的工作对象既包括学生本人，也包括其周边的环境，如家长、教师及社区等；而学校德育的工作对象主要是学生，即本学生的心灵塑造。

4. 从工作关系看

学校社会工作是一种平等的专业关系，虽然此种工作关系会因工作者的专业训练而带来专业权威的影响，会给学校社会工作的工作关系带来一些不平等的因素，但学校社会工作要求工作者时刻警惕其专业权威对学生的操控与影响；而学校德育的工作关系依赖于一种类似师生或上下级的行政关系。

5. 从工作目标看

学校社会工作主要关注学生的心理层面，注重情绪与心理变化的需要，并从环境系统中注重学生的社会网络的建立，从而促进学生人格完善及成长；而学校德育工作更多关注学生的意识形态层面，注重学生政治态度的矫正与心灵的塑造，由此培育社会主义的一代新人。

可见，学校社会工作者与德育工作之间存在着显著的差异。然而，在中国现有的学校体制下，学校社会工作仍归属于学校德育的范畴，体制上的分离还需要一段时间，这就要求我们在实际工作中注意到二者的区别，以此防止学校社会工作的“德育化”。

（二）学校社会工作与心理健康教育的关系

学校社会工作与心理健康教育有区别也有联系，二者是相辅相成的关系。从相似之处看，二者都用沟通手段帮助有需要的学生；都关注学生的困难；都注重与强调对学生的同感反应与情绪疏导；都强调协助学生达到身心健康发展的目标等。不仅因此，学校社会工作与心理健康教育也有不可分离之处。比如，学校社会工作遇到有心理困惑、心理求助之时，需要转介给心理老师或双方配合工作。又如，心理健康教育要启动学生身边的各种良性资源，就需要与学校社会工作合作，以此通过优化成长环境来促进学生成长。但是，学校社会工作与心理健康教育分别属于不同的学科，又有着很多的不同，主要表现在以下几点。

1. 从工作者的素质看

相较于心理健康教育特别注重工作者的专业技术的精深，学校社会工作更强调工作者对人的尊重、接纳的价值理念与关怀的情怀。因此，心理健康教育工作者的训练主要是专业技术层面与个人健康人格的培养，要求工作者具备心理学专业相关的知识与技巧，在心理咨询中达到技术娴熟，并具备从事心理咨询工作的职业资格。而学校社会工作也要求工作者具备专业社会工作的素养，比如，需要掌握与学生的沟通技巧、建立关系的技巧及工作过程技巧等，具备从业资格，但更强调工作者价值理念的内化与人文情怀的培养，要求工作者将学校社会工作视为一种道德的实践，工作过程必须体现人与人的关怀。

2. 从分析服务对象的视角看

相较于心理健康教育注重服务对象问题的个人心理成因，学校社会工作更注重服务对象的社会成因。心理健康教育认为，服务对象作为精神主体，有其内在的心理活动。相应地，服务对象的困难或问题主要是个人的心理因素造成的，是服务对象个人不同程度的心理问题或人格问题影响其个人心理功能正常发挥所致。这样，心理咨询或心理治疗就是要分析、诊断服务对象的心理问题或心理疾病，采取对症治疗，以解决服务对象的问题。而学校社会工作虽然也承认造成服务对象的个人因素，但因其强调服务对象作为社会主体处在社会关系与社会互动中，则更关注服务对象的生理层面与生活环境层面。因此，相较于心理健康教育注重服务对象的个人因素，学校社会工作更注重社会制度性因素。

3. 从专业介入的空间看

相较于心理健康教育只限于咨询室内心理因素的探索与治疗，学校社会工作更强调运用资源。由于心理健康教育更注重个体自身的作用，其工作范围是咨询室，并希望通过工作者就学生呈现的问题进行心理因素的探索，帮助学生解决问题，其分析模式是“问题”取向的。然而，因学校社会工作更注重个体生活环境的作用，其工作范围要宽泛得多，不仅在会谈室内进行一对一的沟通，工作者还经常出现在学生生活的其他空间，如家庭、学校、社区等，进行访问、会谈，为学生寻找与建立支持。因此，学校社会工作的分析模式是“资源”，即在澄清了学生问题的基础上，更关注解决学生的问题与学生的成长，而学生的资源包括了从社会关系的角度来挖掘个人的潜能与社会资源。

4. 从工作方法看

学校社会工作从社会工作观点出发，强调运用个案工作、小组工作、社区工作、社会行政、社会政策及社会工作研究等，来开展学校社会工作专业服务。而心理健康教育则是从心理学观点出发，强调运用心理测验、辅导、咨询及心理治疗等工作方法，来提供专业服务。

5. 从价值视角看

相较于心理健康教育只解决个人问题，不关心其他社会、政治因素，学校社会工作更多了一些社会、政治责任。一般来说，在心理健康教育中，工作者多持“价值中立”的立场，倾向将学生的心理问题做技术化处理，如同医生治病一样，很少将心理问题与社会、政治联系起来。而学校社会工作秉持“价值介入”的立场，其工作背后有很强的价值关怀，是在坚持社会公正、维护弱势群体利益的基础上为个别学生提供服务的。因此，学校社会工作提出“学生的问题是个人的也是政治的”，强调关注个人问题背后的权力关系，从社会公平、公正的角度关怀全体学生的成长。

（三）学校社会工作与班级管理的关系

在中国的学校体系中，对学生的管理主要是通过班级管理来实现的。其中，班主任则是班级管理的主要承担者，并与学校的职能部门、年级主任、任课教师等共同维护良好的班级环境。而学校社会工作者作为学生工作中的领导者与协调者，与班级管理者既有着联系又有着区别。首先，从二者的联系看，双方有着合作与互动的关系。比如，在日常的学校工作中，学校社会工作者在校内要与班级管理者合作、沟通，双方应及时交换相关的信息、资讯与报告，主动了解对方的工作状况，并积极回应学生的不同需要与问题，以此形成教育合力，共同创造正面的、充满关怀的学校环境，从而促使学生发挥潜能、自我引导、自我实现，并在班级中一起健康成长。由于学校社会工作与班级管理分别属于不同的学生工作团队，二者又有着以下的区别，包括：其一，班级管理的主要目的是保证班级秩序的良性运作，提高学生的学习成绩，促进学生的健康成长；而学校社会工作的执行者是专职社会工作者，更多地关注学生身心发展及成长。其二，班级管理的重点是制度层面，多强调学生的规范与一致性；而学校社会工作的重点是学生个人的发展层面，多关注的是学生的个性化发展。

（四）学校社会工作与生活管理的关系

在中国学校的学生工作中，生活管理肩负着双重使命，既要承担学校教育的义务，又要承担家庭教育的责任。一般来说，生活管理的工作重点包括文明礼貌教育、健康教育、安全教育以及自主体验活动等方面。而学校社会工作作为促进全体学生在生活、学业、职业发展的专业服务，与生活管理既有联系又有区别。从二者的联系看，生活管理的内容本身就是学校社会工作实践的重要主题，即学校社会工作包括了生活管理。不仅因此，学校社会工作可以通过个案辅导、运用小组与社区工作方法等，来协助学生树立正确的价值观，建立学生社会化的生活习惯，培养学生对社会角色的认同，培养与锻炼学生的生活技能，以及丰富学生的生活等，由此可以指导学生建立正确的生活态度与健康的生活方式。从这个角度看，学校社会工作可以在学生生活管理中发挥重要的作用。然而，学校社会工作与生活管理又有着区别或工作侧重点的差异。比如，作为学校社会工作者，不能像生活管理者一样时刻关注学生的日常生活，对于学生的具体生活情况也并不十分了解。因此，学校社会工作在工作中需要与生活管理老师互相配合来完成工作，以此协助学生充分发挥个人的特点与爱好，使学生的生活更充实、更富有情趣。

二、关于学校社会工作的误解

从上面的分析可以看出，与学生工作的其他领域相比较，学校社会工作不仅起源较晚，发展较慢，并且所提供的服务项目也十分宽泛。尤其是在我国，正式以“学校社会工作”名词进行讨论，是近几年的事，加之，学校社会工作制度在某些地区至今只略见雏形，因此，一般人对学校社会工作仍然缺乏清晰的概念，甚至产生若干误解。以下仅列举对学校社会工作常见的一些误解，并依据学校社会工作的特征与定位来略加更正。

（一）在名词上面的误解

认为我国学校现在开展的学生辅导活动就是学校社会工作，甚至强调学校社会工作应尽快改名。因为现在各校的辅导工作名称不统一，称为心理治疗、心理辅导、辅导员的思想教育、德育辅导、班级管理辅导、生活管理辅导等等。因此，建议将目前各个学校的辅导工作正式命名为“学校社会工作”，以促进学校社会工作的统一发展及运用。另外，也有人认为，学校社会工作是学校所开展的“社会辅导工作”，即将学校社会工作者等同于“课外活动指导老师”或“校外辅导员”。我们认为，学校社会工作只是学校辅导工作的一部分。而所谓的“学校辅导”，是广义的行为科学原理与学校情境中的一门服务，它涵盖了学校辅导员、思想教育者、班级管理者、生活管理者、心理健康教育者及学校社会工作者等工作人员。因此，学校辅导工作仅仅涵盖了部分学校社会工作的内容，不宜以偏概全。而基于此种认识，学校社会工作作为一门专业，也不等于社会辅导工作。

（二）在工作领域方面的误解

有人认为，学校社会工作者作为驻校的社会工作者（即被派驻到学校去工作），以及学校社会工作兼具促进学校、家庭与社区之间互动的特点，因此，学校社会工作者不隶属于学校。不仅因此，也有人认为学校社会工作的重点，应该侧重对家长与社区提供专业服务，而对学生本身与教师的服务工作，则应由学校心理咨询者或心理健康教育者承担责任，以避免功能上的重复。然而，学校社会工作是实施于学校领域的一种专业，学校社会工作者理所当然是学校体系中的成员。进一步来说，学校社会工作者不但隶属于学校体系，而且主要以学生为服务对象，必要时才会对学生的家长、学校人员、社区人士提供咨询服务，从改变学生个人与成长环境入手，更有利于学生的健康成长及实现学校教育的若干功能。

不过，将学校社会工作者视为外来者对学校提供专业服务，可能是学校社会工作发展初期无法避免的一种现象。比如，美国学校社会工作在发展的过程中，有时被误解是从校外介入校内的一种独立服务，或者认为学校社会工作服务是学校附属性的服务，而学校社会工作者是学校的一群客人。但是，随着中国学校社会工作专业化与职业化的继续推进，以及政府对学校社会工作体制化建构的加快，学校社会工作的领域是会逐渐获得澄清的。

（三）在服务项目方面的误解

在国内有关学校社会工作的讨论中，有人将学校社会工作广泛延伸，认为学校社会工作服务项目包括了学校的德育辅导、学生的思想政治教育、学生的心理治疗、班级管理及生活管理等；或者将学校社会工作做狭义理解，把“心理变态、人格测量及心理治疗”等作为学校社会工作者在职训练的主要内容。上述看法可能是我国学校社会工作发展初期无法避免的一种现象。因为在草创阶段，在传统的行政性学校社会工作已经存在的学校环境体系中，学校社会工作者往往被赋予了广义的学校辅导者的角色，他们往往要一人身兼数职，提供一些额外的服务工作，尤其是要提供行政性学校社会工作的传统服务，从而包揽了许多非专业角色的“杂务”。然而，专业化制度化的学校学生工作，必须采取团队工作的方式，实行专业分工与协力合作，共同为学生提供最佳品质的服务。因此，其他工作人员的工作，则应由学校（德育）教育工作者、班级管理者、生活管理者、学校心理咨询者或心理健康教育者等共同完成。在这里，应特别注意区分学校社会工作者、学校教育工作者、学校心理咨询者三种专业人员所提供的服务项目（三种服务项目的区别详见前面的讨论）。我们也认为，学校社会工作者因其具备学校、家庭与社区间联络人员的特质，将充当学校辅导团队中的领导者，并要为团队成员与学校领导者提供行政服务工作或咨询服务，但其主要职责仍然是运用社会工作的价值观、理论与方法来提供社会工作的专业服务。

（四）在人员任用方面的误解

在我国，许多人认为，现有的德育教育工作者、班级管理者、生活管理者及心理健康教育者，可从事学校社会工作，不必在学校体系中再增设学校社会工作者。甚至还有一些人认为，在当今学校紧缩人员及注重效率的背景下，现在的班主任与辅导员已经访问学生的家庭或约见学生的家长，从而使学生家长更能了解学生的情况，借此更了解学生的家庭背景及适时对家长提供亲子教育，其实这已经具有了学校社会工作的辅导功能。因此，这些人员可以从事学校社会工作，也不必再增设学校社会工作的专职人员。此外，一些学校行政人员借着“减员增效”的改革口号，干脆把接受过专业训练的学校社会工作者排除在学校辅导体系之外。

然而，在强调学生工作尤其是学校辅导工作专业化的今日，一方面应努力从哲学、生理学、心理学、教育学、思想政治教育学及社会学建立起学生工作深厚的理论基础，致力于学校辅导团队的分工负责，即采取学校德育工作者、教育工作者、学校心理学者、学校社会工作者的分工方式，就各种问题提供专业化的服务；另一方面又以紧缩学校辅导人员的任用来源为借口，将已受过学校社会工作的专业训练者排除在外，这是自相矛盾的。培养学校社会工作的专业人才，教育机构却未能充分利用，任凭门外汉滥竽充数，这其实是与中共中央推行的“加强学校社会工作人才队伍建设”的政策与实验计划相背离的。进一步来说，这种状况主要是教育行政人员对于学校社会工作的服务项目、特点、定位及其主要功能缺乏认识所导致的，并需要沟通和澄清。

第三章 学校社会工作的基础理论

学校社会工作作为一种专业的助人活动，是在一定的专业理论指导下开展实践的。根据“生态系统论”的观点，学校也处于不同的生态系统中。相应地，学校社会工作的焦点也是回应与环境交互作用而出现的各种问题。指导学校社会工作的基本理论应具有多元化、系统化，并从不同学科中借鉴与吸收较适合的理论，以应对与解决多元化的实务问题。

第一节 社会学相关理论

社会学是研究群体关系的科学，其前提是认为人是社会的动物。因此，个人必须参与到某些团体中，以某种角色和团体的其他成员进行互动，产生良好的社会关系，达致良好的社会适应。而学校社会工作主要的实施对象是学生，学生在学校生活中本质上是一种互动的生活，学校社会工作的目的就是促进良性互动。因此，无论是帮助适应欠佳的学生恢复社会功能，还是协助全体学生发展健全人格的适应，学校社会工作在实施过程中都要采纳社会学理论作为实务的基础。

一、社会化理论

（一）基本观点

1. 社会化：从自然人到社会人

社会化是个体由自然人成长、发展为社会人的过程；是个体与他人交往，接受社会影响，学习掌握社会角色和行为规范，形成适应社会环境的人格、社会心理、行为方式和生活技能的过程。通过社会化，个人走向群体、进入社会，理解和认同社会规范和制度，了解和掌握社会的知识、技能、价值标准等，从一个自然的人转化为社会的人。社会化涉及社会及个体两方面。从社会视角看，社会化是社会对个体进行教化的过程；而从个体视角看，社会化则是个体与其他社会成员互动，成为合格的社会成员的过程。

社会化问题的核心是探讨人们从自然人成长为社会人的过程及其影响机制。社会化可以分为两类。一类是正式的社会化。如成人通过有意识地选择与设计，将社会认可的价值、态度、角色、知识、规范等，按部就班地灌输给儿童，如学校教育；另一类是非正式的社会化。即指非刻意地安排与训练的社会化活动或内容，如家庭教育、同辈群体的影响等。

2. 社会化的重要影响因素

在人的社会化过程中，先天的因素会产生一定的作用，但后天的影响是至关重要的。而家庭、学校、同辈群体、大众传媒等，则是影响人的社会化的重要因素。正如美国心理学家华斯腾（Waston）所说："给我一批健康的孩子，在我特殊的世界里养育他们，我可以随意训练他们，保证使他们变成你所期望的任何专家，如医生、律师、艺术家、企业家，甚至乞丐和小偷等。不管他们的智力、爱好、倾向、能力、职业和种族。"虽然华斯腾的语气有些绝对，但不难发现，社会化尤其是家庭教育与学校教育对人的重要作用。比如，早期的家庭教育与学校教育对青少年的成才有着决定性影响，这主要体现在家庭教养方式、家庭交往与儿童社会化发展的紧密关系上；又如，学校教育在青少年社会化过程中担负重大的责任和作用，因为儿童进入学校后的10年多时间里，学校生活将成为其社会化过程中最重要的组成部分。

3. 社会化中的自我概念

美国社会学家和社会心理学家，美国传播学研究的先驱查尔斯·霍顿·库利的“镜中我”和美国社会学家、社会心理学家及哲学家乔治·赫伯特·米德的自我概念是社会化的重要理论。前者认为，在社会生活中，人们彼此都是一面镜子，每面镜子都映照出对方，如同我们在照镜子的时候，从镜子中看到自己一样。换句话说，个人在想象别人如何评判自己的时候，就好像站在镜子面前，从镜子中看到别人对自己的看法，也就是通过别人了解到自己，这面镜子主要是通过社会互动形成的。因此，儿童会通过社会化过程，想象别人的看法，并且表现出别人对他期待的行为。后者认为，在自我概念的发展中，重要他人，即儿童所羡慕和模仿的对象，对个人的评估最具影响力。同时，个人在社会互动的过程中，也可以从他人的态度和行为中发现自己，即“概括他人”。

（二）社会化理论与学校社会工作

1. 社会化理论与家庭、学校

社会化理论强调家庭教育和学校教育在青少年社会化过程中的重要作用。

家庭是个人社会化最早与最重要的机构。在家庭中，父母对子女的影响最重要。父母的管教态度、人格特点都会影响到孩子人格的发展。如父母的态度是温和的，子女的人格特质则会表现出独立性强、责任感重；反之，父母的态度是冷漠的，子女的人格特质则会表现出侵略性、缺乏自制能力等。而这些不同的人格特质对子女今后的学习与生活会发挥不同的作用，因此，父母必须对子女采取合适的教养方法。

学校是儿童离开家庭，进入社会接触到的第一个社会化的正式组织。在学校中，儿童学习专门化的知识和技能，学会在自己不愿意的情况之下也必须遵守社会共同的价值、态度与行为规范。而老师和同辈群体对学生的社会化起着重要的作用。

可见，学校与家庭是学校社会工作两个重要的工作焦点与途径，从这个角度看，学校社会工作应借鉴和吸取社会化的相关理论来开展实务工作。

2. 社会化理论对学校社会工作的启示

（1）学生的问题不单单来源于自己，也来源于家庭、学校等其他环境因素。

社会工作强调“人在情境中”，学校社会工作也不例外。社会化理论阐述了青少年社会化的形成受到多方面因素的影响，特别是家庭与学校教育的影响。因此，在评估学生问题时，学校社会工作者应充分了解对个人社会化过程起重要作用的家庭、学校因素，从中寻找学生问题的深层次原因，并制定有利于问题解决的方法，以充分发挥它们各自的作用。

（2）创造互动机会，帮助学生塑造良好的自我概念。

库利的“镜中我”与米德的自我概念理论，揭示了人的自我概念是在社会互动中形成的，并且他人的看法与评价对自我概念的形成有着重要的影响。而学校社会工作的服务对象——学生——正处于自我概念形成的重要时期，因此，学校社会工作者应懂得为学生创造良好的互动机会，对于一些学生的问题行为，不能因为问题而否定学生的全部，应尝试利用正向的引导帮助学生重建自我形象，激发个人的自尊心和动力，从而促进问题的解决。

二、越轨行为理论

（一）主要观点

近一百多年以来，社会学家较为系统地提出了有关越轨行为的理论，其中颇有代表性及有较大影响的理论主要有以下几种：

1. 社会失范论

该理论始于法国社会学家迪尔凯姆。迪尔凯姆认为，产生越轨行为的原因在于社会结构。美国社会学家默顿则阐述了迪尔凯姆的社会结构、失范与越轨理论。默顿着眼于“目标-手段”角度对越轨行为进行了分析。在默顿看来，社会文化产生目标，社会结构决定达到这种目标的手段，而取得成就目标的合法机会并不能同等地分配给每个人。这样，某人如果接受了社会所创造的目标，但又缺乏合法手段，则会发生各种越轨行为及失范。而青少年正处于身心发展过程之中，其世界观、人生观、价值观尚未完全确立，社会辨别能力较差，故社会失范对其行为的影响就更大，其行为越轨的可能性也就更大。从这个角度看，失范理论对于社会转型中青少年越轨行为增多的现象具有一定的解释力。

2. 社会冲突论

这也是从社会结构角度来分析越轨行为形成原因的理论。美国学者 T. 舍林认为，社会冲突是人类本性中固有的，是复杂社会中不可避免的过程。一个社会愈复杂，则愈具有异质性，其经历的冲突就越多，相应地，越会产生各种越轨行为。而我国正处于社会转型的加速期，社会结构的复杂、各阶层的差异性较大，越轨行为较容易频发，因此，应当把越轨行为放在道德冲突和文化冲突中去分析。

3. 文化传递理论

此理论认为，越轨行为是一个人从生活的社会环境中习得的。失范并不一定导致越轨，要想变成越轨者，人们必须有机会学习越轨。越轨就像遵守一样，是一个人从其社会环境里学来的。社会学家研究发现，如果越轨行为在某一群体或社区中已经作为一种文化模式而存在，它就很可能被传播给新来者和年轻人。可见，文化传递理论能够较好地解释因不良亚文化群体，如家庭、社区、同辈群体对青少年产生的影响。

（二）越轨理论对学校社会工作的启示

上述三种越轨行为理论，有助于学校社会工作者洞察学生产生越轨行为或偏差行为的可能因素，从而制订学校社会工作协助的方案。具体地说，越轨理论对学校社会工作的启示有以下两点：

1. 正确引导同辈交往，建立积极的青少年群体亚文化

根据文化传递理论的观点，消极型的青少年同辈群体容易导致学生越轨行为的发生。这样，正确引导学生的同辈交往，建立积极的青少年群体亚文化，是防止青少年行为越轨的又一重要措施。因此，学校社会工作者应创造良好朋辈群体交往的机会，帮助服务对象建立良好的交友环境。

2. 遵循接纳的工作原则，尊重多元文化的存在

文化冲突理论启发学校社会工作者应认识文化的多元性和越轨的相对性，应承认并尊重多元文化的存在。学校社会工作者应主动关心社会处境不利的学生群体，而不仅仅是被动地接受有需要的学生，以此充分挖掘有需要的学生，有效预防青少年产生越轨行为的可能性。

三、标签理论

标签理论属于重要的越轨社会学理论之一。在现实生活中，很多在校青少年会因为成绩或者其他各种原因而被标记为“坏学生”“坏孩子”，而这些标签对青少年的学习、成长有重大的影响，以下将阐述标签理论在学校社会工作中的应用。

（一）基本观点

“标签”的概念于1951年由社会学家莱默特（Lemert Edwin）首先提出，

1963年美国经济学家、社会学家贝克尔（Becher Howard S.）在《局外人》一书中加以引申阐述。标签理论主要从主观层面来探讨个人偏差行为的形成，认为偏差行为不完全是个人品质所决定的，而是他人应用规范制裁于违反者的结果。因此，偏差者是那些武断的被标定为偏差的人，而偏差行为是被加上“偏差”这顶帽子的行为。

根据这个观点，如果学校老师或者学生的家长随意对偶尔犯错的学生加上坏的标签，如问题学生及不良学生等，这往往会成为日后促成这些学生陷入更加严重的偏差行为的有利因素。而这些学生一旦被套上坏的标签之后，可能会不知不觉地开始修正他们的自我形象，将自己归属于这些被标签的角色，导致一种“自我应验预言”的恶果。然后，学生会进一步用偏差行为来防卫、攻击及适应周围环境对他们初次过失行为反应所引起的问题。

标签理论是以社会学家莱默特和贝克尔的理论为基础而形成的一种社会工作理论。显然，在某方面“标签”的作用具有很大的负效应。而这种理论应用到学校社会工作中则认为，许多学生之所以成为“有问题的人”，是与周围环境中的社会成员对他及其行为的定义过程或标定过程密切相关的。因此，学校社会工作的一个重要任务是通过一种重新定义或标定的过程，来使那些原来被认为是有问题的学生恢复为“正常人”。而标签理论对学校社会工作的启示有以下两点：

1. 要用发展的眼光看学生的问题，避免先入为主的偏见

标签理论有助于学校社会工作者洞察学生产生偏差行为的可能性因素，减少在开展学校社会工作时先入为主和偏见，有效地改善学生处境。

2. 重视适中的服务态度

学校社会工作者在辅导“有问题学生”之时，要采取适中的态度，本着“人人平等”的价值观。否则，不适当的工作态度，会适得其反地促使学生形成

新的不正常的自我形象。

四、符号互动理论

符号互动论是由美国社会学家布鲁默提出的名词。在美国社会学家米德去世后的50年中，布鲁默坚持对米德思想的独特解释，形成了芝加哥学派，随之兴起的是以科学哲学家托马斯·库恩为代表的衣阿华学派。后期是加拿大社会学家戈夫曼的拟戏剧理论，即将注意力集中于人与人之间面对面的符号互动，而不是客观的社会制度和社会结构对人类行为的影响。

（一）基本观点

1. 人们通过制造和使用符号来实现交往

符号互动论者极力强调人类制造和使用符号的能力。凭着此种能力，人们能用一个个符号来象征客观事物、思想以及事实上他们所经历的任何阶段，并进行交流。而人正是凭借在发音和身体姿态上获得的一致意义的能力，来使用符号与彼此沟通，进而实现了社会交往。

2. 用于互动的符号具有多样性

作为符号互动论的核心概念——符号，包括语言、文字、记号等，甚至个体的动作和姿势也是一种符号。人们在符号性交往中，不仅使用词汇和语言符号，还使用具有一般含义和相同理解的面部表情、语音语调、辅助体态及其他象征性姿态。因此，人在交往中能够互相读懂对方，预期对方的反应，并能彼此调适。可见，通过符号的互动，人们在形成及改变自我概念，建立和发展相互关系，处理和应对外在的变化。

3. 人有理解符号意义的能力——角色领会

通过对他人各种互动符号的解读和解释，人们进行交往和互动。米德称这种基本的能力为“感受并理解他人角色”或者称为角色领会。对于角色领会，不同学者有不同定义。当代互动论领袖之一罗斯认为，角色领会意味着个体交往者在其内心深处想象接收者是如何理解交往的。另一位互动论者斯特赖克强调指出，角色领会是“对某种社会行为中他人的反应进行揣度。”而互动论者林德史密斯和法国哲学家斯特劳斯则强调，角色领会是“对他人思想的立场和观点进行想象性假设”。如果人们没有解读他人姿态，并以这种姿态为基础设身处地理解他人的能力，互动则不可能发生。而没有互动，社会组织也就不会存在。

总之，人类制造和使用符号，进行交往，通过角色领会，包含对他所显露的符号进行解读，进行互动，互动构成社会的基础，社会结构最终是由个人的行为和互动构成的。

（二）符号互动理论与学校社会工作

1. 符号互动理论与学校教育、家庭教育

符号互动理论在学校教育中的重要意义不容忽视。学校内部各机构之间的互动、学校与社会、家庭的互动，对于学校的教学环境起着重要作用，而师生互动、学生之间的互动则对学生的成长起着不可忽视的作用。

符号互动理论同样可以应用于家庭教育中，将家庭教育的过程看成是父母与子女运用符号进行互动的过程，有利于解决儿童社会化、亲子关系及教养方式等问题。

2. 符号互动理论对学校社会工作的启示

（1）符号互动失败导致的沟通障碍是造成学生问题的重要原因之一。符号互动论认为，语言是心灵和自我形成的主要机制。人通过语言认识自我、他人和社会，但符号互动论更强调人们理解符号意义的能力，仅有语言或其他互动符号，而没有对符号进行正确的理解同样会造成沟通的障碍，而许多问题少年及亲

子关系紧张等问题的原因正来自于此。因此，学校社会工作者在助人过程中，要懂得从符号互动的概念去分析学生的互动状况，评估其对互动符号的理解是否正确，从而排除沟通障碍，帮助学生解决问题。

（2）倡导服务过程中给予学生积极、多样的互动符号。要理解互动符号的意义，首先要体验不同符号。学校社会工作应鼓励学生积极体验不同的符号互动，使学生认识到不同的符号在不同情况下的不同含义，有利于他们在今后的家庭生活、朋辈群体生活中互动流畅，建立良好的人际关系；另一方面，在对学生学生提供服务时，学校社会工作者也应注意构建积极、良好的互动环境，并利用符号互动技巧，同学生建立稳定的合作关系。

五、代沟与文化反哺理论

在当代，父母与孩子之间的鸿沟越来越大。父母给孩子提供优越的衣食住行条件，让孩子吃饱穿暖，尽量满足孩子的要求，以为这就是父母角色责任的全部。然而，两代人之间很少就彼此的想法进行沟通，代与代之间好像横跨着一道巨大的鸿沟，并且这道鸿沟似乎有越演越烈的趋势，正如米德在《文化与承诺》一书中写道：即使在不久以前，老一代仍然可以毫无愧色地训斥年轻一代：“你应该明白，在这个世界上我曾年轻过，而你却未老过。”但是，现在的年轻人一代却能够理直气壮地回答：“在这个世界上，我是年轻的，而你却从未年轻过，而且永远不可能再年轻。”这究竟是为什么呢？代沟与反哺理论正是用来阐述和解释这种现象的理论。

（一）基本观点

1. 代沟存在的历史性与不可避免性

代沟是一种自然的社会历史现象，无论在急剧变化的时代，抑或在文化变迁缓慢的社会里，无不存在着年青一代与年老一代在生活态度、价值观念、情感倾向和行为方式等方面的差异、对立、矛盾。从一定意义上说，只有代沟的存在，才构成社会文化的发展；同时，只要存在着社会文化不断变迁的背景之中的社会化过程，代沟就难以避免。

2. 沟通和互动是消除代沟的有效方法

美国当代著名的人类学家玛格丽特·米德对代沟问题进行过深入持久的研究，并取得了突出的成就。在米德看来，所谓代沟，指的是两代人在价值观念、生活态度以及兴趣爱好等诸多方面存在的差异。两代人成长的历史时期不同，接受的教育不同，生活的经验不同，社会各个方面的条件也不相同，差异的存在在所难免。因此，代沟是一种自然的社会历史现象，而真正使代沟成为问题的是如何对待和消除代沟。

沟通能促进了解，了解能消除差异。这就是说，两代人之间的沟通和互动是消除代沟的有效方法。在一个有问题的代际关系中，沟通是间接的、暧昧不清的、不真实的和不坦诚的。而导致这种沟通模式的产生原因很多，可能是双方之间对彼此的身份存在一种定向的认识。比如，认为父亲要严厉、不苟言笑，则使得父亲在同子女的沟通过程中好像戴上面具的假人，影响沟通的正常进行。也可能是双方都抱着抵御、防卫的态度，或者是双方为了某些特定的目的，掩盖自己真实的想法等。当然，在沟通的过程中技巧固然重要，但更加重要的是，隐藏在沟通方式背后的感受和意义。另一方面，沟通方式的选择也非常重要，即父母有必要改变他们的说话方式，不随意地中断他们的说话，做一个倾听者表达自己对子女的接纳。同时，子女也要学会从中学习，而不是盲目地拒绝，要学会向父母说出自己的问题，寻求父母的支持和帮助。

3. 认可文化的反哺性

米德在《文化与承诺》一书中认为，存在三种文化模式，即前喻文化、并喻文化、后喻文化。“前喻文化”指的是晚辈通过向前辈来学习知识；“并喻文化”指的是晚辈和前辈的学习都发生在同辈人之间；“后喻文化”指的是长辈反过来向晚辈学习。而后喻文化的发展将依赖两代人之间的持续不断的对话，通过这种对话，积极主动的、自由行动的年青一代，一定能够引导自己的长辈走向未来。这样，年长的一代就能够获得新的知识。米德确信，除此之外别无选择，即只有通过年青一代的直接参与，利用他们广博而新颖的知识，我们才能够建立一个富有生命力的未来。从这个角度看，米德所提出的后喻文化类型，已经为代沟的缩减提供了一种方法。

可见，后喻文化的发展将依赖于两代人之间的持续不断的对话。而米德所说的“对话”，就是两代人之间的双向社会化，即除了上一代人向下一代人传递文化和实施教化外，同时下一代人反过来向上一代人施加影响，向他们传授新的知识、技能、新的价值观念和行为规范的社会化过程。

（二）代沟与文化反哺理论对学校社会工作的启示

1. 承认学生的独特性和差异性

“代沟”的存在表明，每个人的生活环境都不同，因此各自的价值观、生活方式也不尽相同。而对于学校社会工作的主要对象——学生，社会工作者应承认他们的独特性和差异性，尊重和理解他们的差异性，并遵循个别化原则为学生提供各种服务。

2. 重视学生的参与

反哺理论表明，社会学习是双向的，双方都有对方可以学习借鉴的领域。因此，从双向社会化的立场出发，开展学校社会工作不能把学生当作一个受助的客体来看待，把工作者当作高高在上的权威，而是要把学生视为在社会互动过程中的另外一个主体，鼓励他们参与到服务过程当中，建立平等的合作的专业关系。

六、角色理论

“角色”一词，本是戏剧舞台中常用的一个概念，它的原意指演员根据剧本扮演某一特定人物。20 世纪初，美国著名社会学家米德把“角色”一词引入社会心理学领域，以此来说明人的社会化行为。

（一）基本观点

1. 角色代表着身份与地位的构成

角色理论的研究者较为普遍接受的一般观点认为：在社会现实中生活的个人，也与出现在戏剧舞台上的演员一样，具有一定的社会地位或社会身份。在结构上，社会正是由这些相互联系、相辅相成的地位与身份构成的。而个人在各自社会位置上履行自己角色的过程，也正是整体社会结构发挥其社会职能的过程。

2. 角色期待

美国社会学者沙宾以行为的观点来解释角色，认为角色代表“所期待的与某一社会地位或身份所有者的行为”，也即社会团体期待于某一特定类别的人所应表现的行为模式。社会团体对某一角色的期待，往往会与被期待者的社会地位息息相关，从而表现出与被期待者一致的行为或特质。如果一个人的表现，不能符合其所处的社会团体的期待，则可能导致社会适应欠佳。

3. 角色扮演

美国学者米德在所著的《心灵、自我与社会》一书中特别强调，在社会行动中扮演他人角色的重要性。米德曾以儿童的游戏为例，认为儿童之所以肯接受行动的约束，遵守游戏规则而与别人公平竞争，乃是他能代替别人的角色，并从角色扮演中考虑到整体的存在。而此种角色扮演的社会学的技术，目前经常被应用于学生的团体辅导之中。

4. 角色冲突

美国社会学家默顿认为，任何社会地位通常都会牵扯一个以上的角色关系，所以他主张以“角色组”代替传统所称的角色。角色组是指一些人由于占据某一特定社会地位而有多种角色关系，比如，某一男学生同时扮演儿子角色、学生角色、班长角色等。一个人同时要扮演两种以上的角色，有时难免无法加以协调而造成角色冲突。另外，还有一种角色内的冲突，即指两个以上的团体对同一角色的不同期待，使得角色扮演者左右为难。

（二）角色理论与学校社会工作

1. 角色理论与青少年行为

角色理论对解释青少年行为有着重要的指导意义。当代青少年存在的各种问题，都与角色理论相关。如沉迷网络游戏、人际关系障碍及亲子关系紧张等，而这些问题从某种程度上都可以归因于角色适应不良，由此导致了角色失调或角色期望太高，造成了角色失败。

2. 角色理论对学校社会工作的启示

（1）从角色系统中寻找学生问题根源。角色理论有助于学校社会工作者诊断学生困扰问题的根源，为学校社会工作者评估问题提供了另一条有效途径。而青少年的行为障碍很多方面与其扮演的社会角色相关，如学校里的青少年要扮演学生的角色，家长、老师及学生自己对这一角色有一定的角色期待，但一旦期待未实现或未满足，青少年则会产生挫败感及压力。同时，老师如果没有给予积极的反馈，青少年会通过其他越轨的行为来替代其角色责任，从而引发其行为问题。因此，学校社会工作者在评估服务对象的问题时要看到其所处的角色地位，并从其角色环境中寻找问题的根源。

（2）善用角色扮演技术。所谓角色扮演技术，就是要求被试或受影响者在给予的情境中加以表现，从而学习充分地履行角色的方法。换句话说，采用角色扮演技术，就是让受影响者在一种特定的或创设的情境中去扮演某一角色，使其认清角色的理想模型，了解社会对角色的期望和自己应尽的角色义务，从而有助于他们去控制或改变自己的态度与行为，以达到改善人际关系和提高工作或学习效率的目的。因此，学校社会工作者应懂得运用角色扮演技术，鼓励学生参与扮演现在及未来生活中所要承担的角色，从而体验角色、学会履行角色责任的方法，促进他们角色适应。可见，角色扮演是学校社会工作者在助人过程中可以善加应用的一种专业服务。

七、小团体理论

（一）基本观点

1. 小团体的定义

小团体乃是有共识、有互动的一群人，出于自己意愿或追求共同目标而组合成的团体；成员通过彼此间心理互动的交互作用，达成改变成员行为为目的的团体。其中，团体动力与团体辅导是小团体理论的核心组成部分。

2. 团体动力

团体动力理论于20世纪30年代末期创立于美国，创始人是德国心理学家勒温。勒温提出的场论是团体动力的理论基础，场论把人的心理和行为视为一种场的现象，随着动力场的千变万化，人的心理和行为也随之变化。勒温把团体看作一个动力整体，注重团体的内在动力。

3. 团体辅导

人是社会的人，人的心理发展乃至一切发展都与社会环境有关，人的许多心理问题根源于人际关系中，团体辅导正是利用人与人在环境中的互动来达到助人目的的过程。团体辅导的发展至今已有40多年的历史，国内外教育界、企业界、医学界或辅导机构，均针对不同对象开设不同性质的团体。其目的在于通过团体内成员的互动及领导者的催化，促使成员更加了解自己、接纳自己、学会表达自己、了解他人，进一步减轻或解除自己的困扰，以达成成长之目的。

团体辅导的成员一般少则三五人，多则十几人、几十人，团体成员要参加和体验各种团体活动，并在讨论、反思和分享中学习和成长。团体动力学理论是团体辅导存在和发展的重要依据，它证实了团体内在的动力能促使团体成员相互交往、相互作用，进而达到发展、训练或治疗的目的。因此，关注团体动力、激发团体动力，能促使团体辅导的功效发挥至最大。

（二）小团体理论与学校社会工作

1. 小团体理论与学校受教育群体

小团体理论在学校教育中有较大的适用性。学校教育的主体——学生——正处于发展朋辈关系的关键时期，朋辈群体对学生的成长影响较大。因此，可以将小团体理论应用于学校学生群体的工作中。

首先，小团体理论有助于学生增强自信心。当学生发觉团体内其他的人同样有心理困扰之时，其个人心理问题并不特殊、罕见，他会逐渐改变自我评价及改变自我观念。而这种观念改变的本身，就具有良好的心理治疗作用。

其次，小团体理论有助于学生改善情感。团体辅导的氛围使参加者容易体验到共性，有被人接纳之感，进而放松自己、减少心理防卫，互相帮助。而辅导教师引导团体对成员的支持，更使成员感到踏实、温暖及有归属感。

再次，小团体理论有助于人际交往能力的提高。团体辅导活动使参与者学会倾听、赞美与欣赏他人，以此增强沟通技巧等。

最后，小团体理论有助于积极自我的形成。团体辅导将人格特点各异的人组合在一起，为每个参与者提供观察和分析他人的心理与行为的机会，使参加者更清楚地认识自己和他人，建立新的自我认同模式和对他人的接纳态度，从而有助于形成积极的自我。

2. 小团体理论对学校社会工作的启示

（1）充分重视团体动力的作用，善用小组工作方法。学校社会工作因为学生服务对象的特殊性，即学生容易接纳群体、喜欢群体活动，也易受朋辈群体的影响，小组工作方法非常适用。因此，学校社会工作者应利用团体动力来调动学生参加小组活动的积极性，运用榜样方法在小组中影响服务对象行为的改变。

（2）重视校外团体的资源整合。团体理论运用于学校教育中，不仅仅局限于学生团体，而且也指校外团体，如家庭团体、社区团体等。学校社会工作者在开展服务时应充分整合校外团体资源，将团体的动力场扩大至更大的领域，为学生提供更大的动力源。

八、社会系统理论

社会系统理论是在哲学家冯·贝塔朗菲的一般系统论以及社会结构功能主义的基础上发展起来的。这一理论认为，人与生活环境在功能上是相互依赖的，并且共同构成了一个社会系统。而结构保持均衡和最佳的稳定状态，则是系统运行与维持的基本条件，也是个体生存与发展的必要条件。

（一）生态学理论与学校社会工作

生态学理论是一门研究生物和环境交互作用的学科。人的生态学则研究的是人和自然环境的交互作用，其中核心概念是“适应”。即人和环境的交互作用，指人在适应中的成长和发展。人从出生到死亡的整个过程不可避免地要出现各种生活压力，比如，学生在学校场合常常会遇见的生活压力有：第一，反抗期和青春期带来的变化，家庭和学校环境的不适应带来的逃学，父母亲失业、离婚、生病引起的变化等。因此，生态学理论中提出的生活模式介入方法是很有意义的。而这种模式实践的目的是，提高人的需求和社会环境之间适应性的水平。第二，面对个人的需求，社会环境是可以改善的。比如，对社会资源的开发和新的制度、政策制定等。第三，形成一支学校、民生委员、家庭访谈员等组成的援助队伍，对其家庭进行有效的援助。总之，在生态理论的指导下，学校社会工作者们采取多方互动的方法，努力改善学生与家庭环境、学校环境的不适应状态。

（二）一般系统理论与学校社会工作

在一般系统理论中，学校社会工作者关注这样一组基本概念：系统的开放性和系统的闭锁性、境界。这里的境界是指系统和环境的区分边境，其机能是将系统和环境加以区分，对环境影响系统机能的各种要素起到保护作用，也就是说，系统的境界以外的就是环境。当系统是开放的时候，系统从环境中输入和输出，不断得到反馈以实现高性能的运转。而学校社会工作者对家庭系统是十分关注的，甚至可以说家庭系统是学校社会工作者的一个基本工作平台。具体地说，学校社会工作者既要关注家庭中所有成员的关系性，也要关注这种关系性背后的经济的、教育的、心理的、社会的、物质的、精神价值观的因素。此外，作为家庭系统，学校社会工作者还要注意到家庭的境界，以及怎样使封闭的、无序状态的家庭走向稳定。而怎样使家庭系统走向开放的具体的方法，还需要学校社会工作者的精心指导。

总之，社会系统理论说明了学校社会工作者对服务对象的理解要置于其生长和身处的情境之中，通过伙伴性的工作关系和正面的经验提高服务对象的胜任感，并要评估服务对象与其环境不同层面的调适度，以及进行直接服务和宏观干预。

第二节　心理学相关理论

除了社会学相关理论以外，学校社会工作也与心理学的某些理论息息相关，这不仅因为社会工作在迈向专业化的过程中，曾于20世纪30年代深受弗洛伊德学派心理学的影响，开始采用“心理-社会诊断”及“心理-社会治疗”的观点，并且，学校社会工作本身的目的就是协助心理与社会适应欠佳的学生发展安全的社会化人格。

一、心理分析理论

心理分析理论的创始人是弗洛伊德。根据此理论，学生的问题起源于儿童时期未解决的心理冲突。这种冲突的起因可以是儿童期的不满足或一种创伤性的经历，同时，当事人常常用自我防卫的手法去处理冲突而非正视和解决真正的问题。

（一）基本观点

1. 人格结构

人格由三个主要系统构成，即本我、自我与超我。本我即生理我，指与生俱来的最原始的系统。自我即心理我，是由本我发展而来，借以调节内在的需要与现实的要求。超我则指社会我或理想我，指将社会理想的价值观念内化形成人格的一部分。上述三者之间不是孤立存在的，而是密切关联的。

2. 人格发展阶段

一个人的人格发展需经过五个阶段，依次是口腔期、肛门期、性器期、潜伏期、性爱期。每一个阶段都有其发展的任务，而从一个阶段发展到另一个阶段时，往往会产生焦虑，克服焦虑才能向另一个阶段发展，否则可能被压抑在潜意识之中。

3. 自我防卫机能

针对当事人将怎样面对人格发展阶段转化过程中的焦虑这一问题，心理分析理论认为，“自我防卫”是大多数人应对的方法。弗洛伊德认为，“防卫”是正常人格的一部分，而正常人格可以根据不同的情况采用不同的措施以排遣焦虑。具体地说，自我防卫”的方法包括压抑、投射、反向、固着、退行、否认、认同、升华、转移、代替、幻想等。当焦虑发生时，健全的自我能正确地判断在何时及采用何种方式加以防卫，它既会顾及现实的需要，也会依不同的情况而采用不同的措施，否则焦虑可能继续存在。

（二）心理分析理论对学校社会工作的启示

1. 重视童年经历对现在问题的影响

心理分析理论认为，病态行为的产生是儿童时期存留于潜意识中的某些痛苦的体验，使得人格结构的本我、自我和超我三个部分之间关系失衡。因此，对于学生人格适应的问题，往往可以归因于早期的儿童生活经验。而这种观点正是学校社会工作者采用个案工作时，注意追溯学生生长史的一项有力的理论依据。

2. 有效识别学生的“自我防卫”

“自我防卫”是人们（包括学生）释放压力、逃避问题的一种方式，而学生“自我防卫”的方式多种多样。不过，按照精神分析理论的观点，自我防卫的次数太频繁，或是防卫的强度太激烈，就会形成个人的适应不良。而此种看法以及个人自我防卫机制的存在方式等，都给学校社会工作尤其是个案诊断方面，带来了相当大的影响力及分析的参考框架，也是学校社会工作不可忽视的理论根据。

二、心理社会理论

（一）基本观点

心理学家埃里克森（Erickson）把“心理社会”与“危机”的概念结合起来，提出了人的整个生命历程的八个发展阶段的思想。埃里克森认为，每个阶段都表示了一个社会心理危机，其中包括生物、心理、社会、文化等变相的互动。

埃里克森认为，人的发展在各个阶段以独特的方式进行。每个发展阶段都可能出现两种截然相反的结果：一种结果是获得相应阶段的积极属性，另一种结果是获得相应阶段的消极属性。而每一个阶段的发展任务则是克服这两种相反属性的矛盾和冲突，获得相应的积极属性、避免消极属性。同时，埃里克森认为，所有发展任务的完成都在前一阶段得到准备，在后一阶段进一步进行。而成功地完成前一阶段的任务，就为完成下一阶段的任务打下了基础。不能成功地完成前一阶段的任务，就很难顺利进入下一阶段。

（二）心理社会理论对学校社会工作的启示

1. 充分认识儿童与青少年所面临的人生任务与危机

心理社会理论对于学校社会工作的意义在于，它指出了儿童和青少年在不同的年龄阶段有不同的人生任务和危机。相应地，学校社会工作则需要帮助服务对象顺利地处理这些可能面临的人生危机，以不断地获得成长。

2. 积极创造有利的环境来促进青少年成长

埃里克森指出，人的发展是在先天因素和环境因素的相互作用中进行的，发展既决定于个人能力，也决定于环境条件。而健康的人在积极、有利的社会环境中能顺利完成每一个阶段的发展任务。但是，在病态的社会环境中，再健康的人也无法顺利完成发展任务。不过，完成了各个阶段的发展任务，则能获得相应阶段的积极属性，并成为有力量的人。而埃里克森把这种人性的力量称作基本的活力。有了这种基本的活力，人才能形成健康的人格，并从人格中获得力量，以确保内部秩序的稳定以及与环境之间的协调。反之，如果无法完成各个阶段的发展任务，就可能获得相应阶段的消极属性，会陷入心理危机之中，表现出明显的不成熟和软弱，并可能因难以适应环境的要求而出现病态的行为。

三、行为主义理论

行为主义又称行为学派，行为主义心理学产生于20世纪初，由美国心理学家华生于1913年创立，是现代心理学的主要派别之一，对西方心理学的影响很大。

（一）基本观点

行为主义学习理论认为，人类的思维是与外界环境相互作用的结果，即“刺激-反应”的结果，刺激和反应之间的联结叫作强化。同时，认为通过对环境的“操作”和对行为的“积极强化”，任何行为都能被创造、设计、塑造和改变。因此，在教学中，对学生理想的行为应给予表彰和鼓励，应尽量少采取消极惩罚的强化手段。因为只有强化正确的“反应”，消除错误的“反应”才能取得预期的效果。因此，行为主义学习理论把“强化”看作是程序教学的核心，认为只有通过强化，才能形成最佳的学习环境，并由此增强学生的学习动力。

行为主义学习理论强调外界环境对个体学习的作用，认为学习是个体对外界刺激的反应，刺激-反应是其基本模式。其代表性的学说有美国心理学家桑代克的联结说，生理学家巴普洛夫的经典条件反射学说，美国心理学家斯金纳的操作性条件反射说，以及心理学家班杜拉的社会学习理论。

（二）行为主义理论对学校社会工作的启示

1. 强化技巧的应用

强化条件反射是行为主义理论针对人类行为的重要技巧，广泛应用于教育及治疗领域。此种方法技巧立足于行为受行动结果的影响，认为如果结果是肯定的，行为就会得到巩固。同时，如果结果是否定的或没有得到肯定的结果，行为就会被削弱。因此，这就给予学校社会工作者重要的启示，即：学校社会工作者要善于运用强化技巧，针对学生好的行为，及时地、积极地给予表扬或肯定，这样，他在将来表现同样行为的可能性则会增加。反之，不予以鼓励，则可能降低不良行为的发生。

2. 系统脱敏法的应用

系统脱敏法是学校社会工作进行个案服务时采用的一种技巧方法，特别是处理焦虑症、恐惧症等情况，而这些状况在学生群体中较容易出现。比如，学生对某种环境产生敏感现象，也易于引起强烈反应时，可以按照“减敏感”的方法来调节环境与学生的关系，以逐渐降低学生对此的敏感程度。而系统脱敏法的要诀在于，恰当地调节程度与顺序，并以适当的量与速度，以累进的方式，调节产生行为的状况，直到达成预期的行为结果。比如，对于一个患有考试焦虑症的学生，学校社会工作者在用系统脱敏法时，首先可以让学生放松自己，然后要求学生想象考试会在两个星期之后进行。如果学生可以维持放松的话，继续要学生想象考试会在一个星期之后进行，逐渐升高层次，直到对方表示焦虑时中止。同时，要引导学生放松，放松之后再逐渐提高想象层次，也就是让其焦虑逐渐提高层次，一直到能够想象自己坐在教室里进行考试，而不再紧张焦虑时治疗便可以结束。

3. 行为修正方法的应用

学校社会工作的重要内容是帮助行为适应不良的学生恢复正常的行为，这样，行为修正也成为学校社会工作的重要任务，相应地，行为主义理论中诸多行为修正方法也可以成为学校社会工作实务的参考。比如负性增强法，其原则在于不是给予正性奖励，而是当行为发生之时，有痛苦的存在，在行为发生之后，立即给予其减少原来的痛苦，即等于给予“负性奖励”。比如，以往女儿每次很晚回家时，母亲都会抱怨和责骂女儿。现在，当女儿按时回家时，母亲不再抱怨和责骂女儿，也减少了女儿的抵抗心理。又如，条件厌恶法（即处罚法），则是用惩罚的方法来帮助学生去除一些症状和不正常的行为，但此种方法的缺点在于惩罚的原则过轻时，起不到实际的效果；而惩罚的原则过重时，又会产生严重的不良影响，因此，学校社会工作者一定要把握好尺度。此外，消除或削弱法，即当学生每次出现不良行为时，不给予任何奖励，也可以消除其不良行为的再次出现。还有，负性练习法，即让学生尽力去做想除去的异常行为，练习的结果，学生无形中会对他的这种异常行为产生反感，结果就不再表现出这种异常行为。可见，行为修正方法对青少年不良行为的矫正有重要的作用，它不仅是学校社会工作者要掌握的技巧，也是家庭及学校教育者要掌握的方法。

四、社会学习理论

（一）基本观点

社会学习理论展示了一种社会化的过程。即个人在与社会互动过程中，经由观察、模仿、认同与社会增强作用而进行社会学习。具体地说，会学习理论是运用心理学的概念解释人格形成和改变的一种理论。此种理论由两个层次来解释个人行为的变化：第一个层次是运用操作制约学习行为塑造原理，来解释人格结构中较简单的行为，如以增强学习说明攻击和依赖的行为；第二个层次则采用认知论的原理，解释个人经由对别人的行为的模仿、认同、内化，进而形成了个人独特的人格特征的过程，而此处的模仿学习与认同学习也具有社会增强的作用。

1. 观察学习的历程

班杜拉认为，个人的行为大部分是由观察学习而来的，其中，观察学习是由下列四种历程交织而成：注意的过程、保留的过程、付诸行动的过程、诱导与增加的过程。

2. 自我调适与自我增强

班杜拉认为，外在的奖惩，固然会影响人的行为习惯的形成，但人也常为自己设定某种行为标准，以自我赞许与自我惩罚的方式，去衡量自己的行为，从而改变或形成一种新的行为模式，这就是自我调适与自我增强的过程。

3. 情绪和价值观的学习

除了认知学习外，观察学习也能制约观察者的情绪反应和价值观念。比如，当示范者受罚时所表现的恐惧情绪，或受到赞许时所表现的高兴情绪，都或多或少地对观察者发生了刺激作用。

4. 模仿行为的类化

个体有自我辨识的能力，他能辨别示范者的行为与本身行为的相似程度，然后才决定是否加以模仿。

5. 示范行为的来源

示范行为的来源很多，除了父母之外，还有同辈群体、学校、职业团体、大众传媒等。观察者对这些不同领域的示范行为并非完全吸收，而是选择其中数种行为加以组合，然后产生另外一种新的行为。

简言之，社会学习理论强调的是环境因素对个人社会行为的影响，而个人则通过增强、模仿或认同的方式形成或是改变其社会行为。

（二）社会学习理论对学校社会工作的启示

1. 重视榜样的作用，为学生提供可参照的榜样

社会学习理论强调个人的行为是模仿而来的。因此，学校社会工作者在改变学生的行为时，可以利用榜样的作用，积极为学生提供可以参照的榜样。

2. 相信学生有自我学习的能力

社会学习理论已被广泛地应用于自我训练、行为治疗及行为改变技术方面。而社会学习理论在学校社会工作中的应用，其主要表现为：学校社会工作者在为学生提供专业协助的过程中，在强调学生自决的原则时，有时也运用行为改变技术，相信他们自身有自我学习的能力，以此增强学生自我调适的能力，从而改善其社会适应的不良情况。

五、道德发展理论

道德发展理论的代表人物是美国儿童发展心理学家柯尔伯格（L. Kohlberg）。柯尔伯格在从事认知道德发展研究时，提出了儿童道德发展的阶段模式，并把儿童的道德判断概括为三个水平，细分为六个阶段。而道德发展理论的提出，启示了道德观念从认知的低级形式到高级形式的发展过程，也在道德教育中产生了一定的影响。

（一）基本观点

1. 道德的发展阶段

柯尔伯格把人的道德发展过程分为前习俗、习俗、后习俗三个水平和六个阶

段。即便如此，仍没有人一直处于柯尔伯格的道德发展的最高阶段。同时，柯尔伯格也认为，不可能“跳跃”道德发展的中间阶段，每个阶段都比前一个阶段的观点更全面、更综合、更清晰。具体地说，柯尔伯格的道德发展过程如下。

(1) 前习俗水平。处于这一水平的儿童，对是非判断取决于行为的后果，或服从权威及成人意见。它又可以分为两个阶段，即，服从与处罚定向；工具性的目的与交换。

(2) 习俗水平。在此阶段，人判断是非之时，能够注意到家庭与社会的期望。它也可分为两个阶段，即，好孩子定向、维护社会秩序和权威的定向。

(3) 后习俗水平。即，个人考虑道德判断时，可能超越社会法律及其对秩序的需要的权利和原则。也分为两个阶段，即社会制度和良心的定向；普遍的道德原则的定向。

2. 道德判断是道德行为的基础

柯尔伯格的理论将道德判断作为道德行为的基础，并认为道德判断是人类道德的最重要成分，是道德情感、道德意志和道德行为的前提。因此，道德判断是一个人根据道德原则对什么是正确的或错误的行为进行的判断，即道德评价。从这个角度看，道德判断不同于其他判断，它具有三个特征：

首先，道德判断是一种价值判断，而不是事实判断。前者是解决道德领域中应该不应该的问题，后者是解决认识领域中的“是不是问题”。因此，对道德判断和推理的研究要区别于儿童心理学家皮亚杰对认识判断和推理的研究。

最后，道德判断是一种社会判断，即对人的判断，而不是对物的判断。前者是对社会领域中的人与人之间或群体之间各种冲突性的权利和义务的选择和判断，后者是对物理关系的判断和推理。

最后，道德判断是一种约定的或规范的判断，即对应该、权利和义务的判断，而不是对喜欢、爱好的判断。道德判断的确定性是引导、指向、驱动人们采取一定的道德行动。因此，在柯尔伯格看来，儿童的道德成熟首先是其道德判断上的成熟，然后是与道德判断相一致的道德行为上的成熟。

3. 道德判断的结构与内容

柯尔伯格认为，道德判断可以从其结构和内容两个维度加以界定，不同发展水平和阶段的道德判断，既有具体的内容，又有特定的结构。道德判断的内容是指思考了什么，包括有关的道德事实，供参照的道德观念及相应的看法。道德判断的结构是指思考问题或思考的方式，是对具体道德内容思维加工的方法和过程。这样，评判人们对道德问题的看法，不能着眼于道德判断的内容，而必须考虑道德判断的思维结构，只有这样才能了解其看法的真正价值和意义。因此，道德判断的结构与内容是一个判断的两个方面，两者彼此包含、相互限定。即结构规定了内容，而内容体现了结构。

4. 道德发展的条件

柯尔伯格认为，儿童的道德认知沿着垂直和水平两个序列发展。垂直序列的发展是由道德低级阶段向高级阶段的推移，水平序列的发展是从逻辑认知发展经社会认知发展向道德认知发展的推移。而儿童的逻辑认知发展和社会认知发展是制约其道德认知发展的最重要的条件。

虽然儿童的逻辑认知发展是其道德发展的必要条件，但其本身并不直接导致道德发展。即道德发展还需要社会性质的刺激，它们来源于个体之间的相互作用、道德决策和个体之间的直接道德争论，柯尔伯格称之为“角色承担机会”。而角色承担又称社会认知，它指个体在他们相互作用过程中想到他人的态度，意识到他人的思想和情感，设身处地以他人角度看待问题等。

5. 道德发展的动力

柯尔伯格认为，个体道德发展的动力既不是来自他的先天成熟，也不是来自他的后天学习，而是来自个体与社会的相互作用。在这种相互作用过程中，随着个体承担社会角色机会的增多，个体的道德经验不断结构化，不断同化、吸收和调整平衡新的道德经验，从而使个体的道德结构产生新的质变，飞跃到新的发展水平。这样，个体的品德就是在一次又一次地从不平衡到平衡的质变过程中得到发展的。因此，在个体道德发展的动力观上，柯尔伯格既反对成熟论又反对学习论，而是主张相互作用的建构论。

（二）道德发展理论对学校社会工作的启示

1. 重视培养青少年的道德判断能力

学校社会工作的服务对象，即儿童与青少年正处于道德习得的关键期。根据柯尔伯格的道德发展理论，道德判断是道德行为的基础，因此，学校社会工作者应更重视培养青少年的道德判断力，以改变其偏差的道德行为。

2. 开展多样化的社会活动激发道德发展的动力

柯尔伯格的道德发展理论认为，个体道德发展的动力既不是来自他的先天成熟，也不是来自他的后天学习，而是来自个体与社会的相互作用，来自社会角色的刺激。这样，学校社会工作者在提供学生道德偏差行为的矫治服务时，应采用多样化的实践活动，让学生承担多样化的角色，并在角色道德扮演中改变其偏差的道德行为。

六、任务中心理论

任务中心理论是20世纪60年代后期在美国发展起来的一种个案工作方法，它的倡导者是雷伊德（Reid）和艾泊斯坦（Epstein）。任务中心理论主张在诊断及服务过程中，首先应制订明确的计划与时限，才能达成治疗的目标。因此，任务中心理论是一种简单且有一定时间限制的个案工作方法。

（一）基本观点

1. 人性观

任务中心理论认为，人有解决问题的能力和潜力，个人通过专业服务的过程可以增强解决问题的能力，并学习与运用方法、技巧，以面对日后可能发生的类似问题或新的问题。因此，人是健康的、常态的，问题的产生只是个人能力的暂时欠缺而已。

2. 问题观

任务中心理论认为，问题的存在是个人内在的心理因素与外在的环境因素交互作用的结果。这样，在解决问题的过程中，有必要对学生的外在环境因素进行分析和考察。具体地说，因任务中心理论的主要目标是问题的分类，通常情况下我们可以将问题分为七大类：

（1）人际冲突。这类问题主要是指人与人在互动过程中产生的不协调，这种不协调既可能是家庭成员间的冲突，如父母子女及兄弟姐妹之间的矛盾，也可能是和社会上其他人的冲突，如老师与学生之间的冲突。同时，在人们的交往过程中，如果个人需求、人格特质、性格特征、角色期待及行为关联等多种因素存在着明显的差异，那么，在事情的看法上存在分歧与冲突，就不可避免。

（2）社会关系的不满意。对于与他人建立的社会关系，个人在事先总会抱有一定的期望，而当这种期望与实际情况不相符合时，个人就会感到不满。比如，一个喜欢对朋友推心置腹的人，也会对朋友抱同样的要求。但是，当他发现自己的朋友有什么事情并不会向自己吐露时，便会因为自己对朋友关系的信任没有得到适当的回应而产生不满。而在想象和实际存在差距之时，个人可能会产生一定的适应问题。因此，问题的核心在于彼此对关系的期待和投入上并不相同。

（3）与正式团体之间的问题。个人在其一生中，或多或少总会成为某一个或几个正式团体的成员。而在成为正式团体成员之后，个人就要面对与团体之间的协调问题。比如，个人的价值观念如何同集体的价值观念相匹配，个人的目标如何同集体的目标相结合。如果个人无法将自己同团体有效地融合，对团体没有足够的认同感和归属感，则会同特定组织和机构产生冲突。

（4）角色执行的困难。角色一词是戏剧影视中常用的一个概念。在社会学中，角色就是与一定的社会地位、社会身份相联系的被期望的行为。个人在社会生活中会基于一种地位和身份，按照一定期望，选择一定行为模式去履行角色。如父亲的角色，学生的角色，老师的角色。但是，当角色承担者按照一定的期望和规范去实践角色而遭遇困难时，便会产生这样或者那样的问题。产生困难的原因很多，比如个人对角色的认识和对自己实践角色行为之间的认识存在距离，如每个学生都想成为一个好学生，也知道成为一个好学生包括按时完成作业、与同学关系和谐等，但是事实上，每个学生的实际行动总会与好学生应该履行的行为存在差距。这样，个人的心情和行为就可能发生变异，从而产生角色内冲突。有时，个人在扮演众多角色时，因为各个角色的要求不同也会产生矛盾和冲突。因此，工作者要了解当事人在角色扮演和行为上的困惑和问题。

（5）社会情况转变的问题。当个人脱离所处的熟悉的环境，或者原有环境发生重大变化时，个人因为无法适应变动的环境也会产生问题。比如，儿童因为父母工作的变动而被迫转到新的学校中，在与老师、同学的相处及学校的生活适应上，则需要学校社会工作者及时的帮助。此外，社会地位的变化也会使学生产生适应上的问题。

（6）反应性的情绪困扰。一些不良的负面情绪，如不安、压抑和其他困扰，都可能伴随着一些事件的产生而接踵而来。或者说，个人在遭遇到问题的时候，会产生焦虑、沮丧、紧张以及挫折等情绪反应。而工作者在关注突发事件对学生的直接影响之时，还要注意到学生的情绪变化情况。

（7）资源不足的问题。资源总是有限的，但是资源对个人来说又是必不可少的，如衣食住行等各种资源。这样，当个人面对一定的问题时，需要资源的辅助而实际上又缺少资源，则会产生资源不足的问题。

3. 任务的本质和特性

任务指的是受助者为缓和问题的严重性，所欲采取的行动。但这不仅代表受助者所欲达到的直接目标，也代表其达到最大目标的方法，并可以为其所采取的行动做出概括的说明，而这些是经由工作者合力协商决定的（廖荣利，1987年）。简单地说，任务是帮助学生解决问题而需要做的工作。如果说，解决问题是任务中心的目的，那么，完成任务就是达成目的的必备手段，而问题是任务的具体指向目标。这样，学生在解决问题时所采取的行动方向，完全是针对问题的性质而定的，只有事先确定任务，才能发展学生自己解决问题的努力与意向。因此，任务是任务中心理论的核心。在设立任务的过程中，要考虑学生的实际情况，包括学生的能力如何、具备的资源如何、支持系统如何等，以此制定合理的、最切合实际的任务。有时，学生的问题十分复杂，还需要设定多重任务和次任务。

4. 处理程序

任务中心理论有一个相对固定的处理程序。首先，工作者要同学生一起确立核心问题是什么；其次，工作者要同学生进行沟通和任务的规划；然后，工作者要同学生建立专业关系；接下来，要实行职责并做预先的练习，以熟悉职责所需的行为；再次，要检查职务实行之情形，以作为解决下一个问题的依据；最后是结案，也就是达成职责目标或核心问题获得解决，问题的处理告以结束。此外，任务中心理论在实际运用时，并不仅是上面所说的方法和程序，而是可以采用多种模式与具体方法来加以辅助，因此，它的视野十分广泛，作用也非常明显。

（二）任务中心理论对学校社会工作的启示

1. 尊重服务对象的自主性

任务中心理论相信人具有解决问题的能力，并认为人还具有处理自己问题的权利和义务。因此，学校社会工作者要尊重服务对象的自主性，尽管他们是自主观念较弱的儿童或青少年，但服务对象自己决定是否需要处理问题、处理什么问题以及怎样处理问题等，应提供服务对象的不同参与程度。另一方面，学校社会工作者也要相信服务对象具有解决自己问题的潜在能力，即在介入过程中要尽可能地发挥服务对象自身拥有的潜在能力，提供服务对象解决问题的能力。

2. 注重服务效率

任务中心理论强调问题的有效解决，希望在有限的时间内实现自己所选定的明确目标，并有一定的介入程序。这样，学校社会工作可以应用任务中心理论来提高服务的效率。具体的工作步骤有：首先是清晰界定问题，然后是明确界定服务对象，最后是合理界定服务任务；同时，要应用有效的沟通技巧，即有系统地提问，以及积极及时地回应服务对象表达的想法与意见。因此，采用任务中心模式，学校社会工作将可以更有工作效率。

七、危机介入理论

危机介入模式于20世纪40年代提出，现已被广泛地应用于社会工作、精神医学、心理学及护理学之中，并成为一种费用少、短时期内针对学生问题进行治疗的方法。

（一）主要观点

1. 对“危机”的定义

（1）危机是一种对平衡状态的改变。即当人的生活被某些事情、变故打乱时，自身的自动平衡被打乱，原来的应对方法不足以解决现在的问题，使自己处于一种无助的状态，心理防线变得极为脆弱。

（2）危机可以是一种正常的状态。即它不一定是不寻常的或灾难的事件，可以是正常发展过程的状态。而当危机发生时，惯用的危机解决方法无效，在新情况和突发事件面前束手无策，并导致应对失败。

（3）危机是问题与希望的并存。即它可以是一种威胁、一种失落，同时也可以是一种挑战，是个人的成长。

2. 危机理论的假设

（1）对个人而言，面对突然的压力情境与危机事件，所经历的情感失衡、社会失序、认知失调及生理症状、都是不平常的。

（2）严重情境的苦恼，是一种生活经验，也属于在稳定情绪、认知、身体状况下的一种沮丧，而非病态，它可能发生在任何人身上，有时也发生在大多数人的生活中。

（3）特殊的生活事件将会造成破坏。

（4）在失衡状态期间，人会主动寻求生活的平衡与和谐，评估事件的意义，以及检视个人生活中可资运用以应对危机的个人与社会资源。

（5）当致力于情绪的再平衡时，个人常会处于心理易受伤害的紧张状态(某些情况是生理的)。

（6）当个人受伤的状况升高时，特别会寻求心理上的协助。

（7）危机反应之特征在整个阶段中，不论调适或适应不良都会显现出来。

（8）危机和负向结果一样，都提供了成长与发展的机会。

3. 危机处理的原则

（1）尽快提供协助，常通过计划以外的资源。

（2）介入是有时间限制且简短的。

（3）实务工作者的角色是积极的。

（4）协助症候的减轻，是介入的主要目标。

（5）提供实际的信息与实质的协助支持。

（6）建构社会支持系统。

（7）鼓励对感觉、症状及担心的表达。

（8）提供有效的、因应模式及尽早重建自助的能力。

（9）强调面对创伤经验的现实感。

（二）危机介入的目标

危机介入的目标是希望在有限的时间内，学校社会工作者以密集的服务方式来提供支持性的协助，以促使学生恢复以往的平衡状态，并在处理日常问题的能力上有长期的改变。一般程序有：

1. 建立良好的沟通关系

即学校社会工作者要向求助者表示他们介入的正确性，传递协助意愿与能力。并通过接纳、关心、耐心和表达帮助的态度，去积极地倾听，以建立信任的关系。

2. 检视危险的程度

个人安全在危机介入中是必须时刻注意的，而学校社会工作者也要评估是否个人有自我伤害或是伤害他人的行为，并分析严重受伤和致死的可能性。这可以通过观察学生的身体和非身体语言，进行心理生理的剖析来进行。假如学生情绪低落、无助感强烈、十分沮丧，且欠缺外界的支持，则有自杀的危险。假如学生认为认识危机的主要来源，或危机除了影响他之外也可能对其他人构成威胁的话，伤害或谋害他人的可能性会加大。而在评估生命危险的严重性时，学校社会工作者要注意从学生的意念、姿态和过往的尝试三个层次进行综合分析。如果有必要，应该与学生的家人、朋友进行联络和合作。

3. 了解主要问题

要达到有效的危机介入，学校社会工作者要充分地了解影响学生危机的原因和问题所在。要把焦点放在自己的问题上这一阶段，主要是找出引发学生危机状态的主要情境，加以评估相关的影响因素。同时，要了解事件本身的性质、范围、相关人员、产生的问题、影响的严重程度，以及发生的时间，学生对待此事件的态度，决定是否成为危机等。

4. 处理情绪和提供帮助

通过同理心表达积极的沟通和倾听，鼓励学生表达由危机而引起的紧张的感受，也要倾听和注意学生认知上的曲解、误解及非理性的信念，但切忌当面质疑学生的错误，并要小心地运用问题的询问和澄清的方法。

5. 研究可行性方法

即有机会地抒发学生内心的感受和了解危机的导因，已经可以稳定学生的情绪，下一步则是帮助学生选择解决问题的各种方法。

6. 订立计划

即共同协商服务目标，制订详尽的服务计划。不过，学校社会工作者在制定服务目标时要鼓励学生的参与，让学生表达自己的服务意愿。

7. 结案与跟进服务

当危机已过或学生差不多恢复平稳状态之时，危机介入就算完成了。而在完结了个案之后，学校社会工作者要协助学生评估和总结此次经验的心得，争取以后避免及学习自己处理危机的方法。此外，虽然已结案，但工作者还必须进行后续服务，间断地与学生电话联系或见面，并要避免突然地停止服务给学生带来的伤害等。

第三节　教育学相关理论

学校社会工作作为在教育体系或学校领域实施的一种社会工作，其目的与学校教育的目的是一致的，甚至可以说是实现学校教育目的的一个部分。因此，一些教育学的理论也与学校社会工作理论相关。其中，与学校社会工作关系最为紧密的理论就是教育目的论与教育结构论。

一、教育目的论

美国哲学家杜威（Dewey John）曾在其名著《民本主义与教育》一书中说过，教育自身并没有什么目的，只有人、父母、教师才有目的。探究杜威的原意，意思是教育是一种连续不断的过程，自身并没有固定的目的，教育目的是社会所规定的，父母对于子女、教师对于学生，当然各有其目的。正因为教育目的是由社会所规定，相应地，教育目的常因时代或社会不同而各异。杜威反对外在的、固定的、终极的教育目的，认为外在的教育目的不能顾及儿童的兴趣和需要；固定的目的不具灵活性，不能适应变化了的具体情况；终极的目的是一种理论上的虚构，因为世界是变动不居的。

概括地说，在教育学中探讨的教育目的包括：其一，偏重文化陶冶来论述学校教育目的，忽视了学生职业的准备——即人文主义教育目的；其二，自然主义教育目的，认为教育的目的旨在顺应自然，以充分发挥学生的能力，但此种观点有忽视社会价值与不重视文化遗产的弊端；其三，实用主义教育目的，即认为教育的目的是在预备将来完美的生活，但此种论点过分重视未来的社会需要，忽略了学生现在的成长；其四，国家主义教育目的，即将教育视为效忠国家的国民，此种教育目的论述虽然可以培育国民的爱国意识，但偶一误用则可能导致扩张主义或侵略野心；其五，民主主义教育目的主张国民受教育的机会均等，是前述各种教育目的的调和。

而从教育目的论与学校社会工作的关系看，教育目的论关系着学校社会工作目的的确定。其中，人文主义教育目的、自然主义教育目的、实用主义教育目的、国家主义教育目的及民主主义教育目的等，均对学校社会工作的目的产生了重要影响。

二、教育结构论

凡是教育活动的进行，必然通过某些社会组织，表现某些形式。同时学校体系以外的许多社会体系也具有教育的功能。而这些教育活动的组织与形式，以及具有教育功能的社会体系，都必须从整体的观念来分析，才能窥其全貌，这就是教育结构论的范围。教育结构论在教育学中尚属新开辟的一个领域，一般来说，可以从宏观与微观两种观点加以探讨。

（一）宏观的教育结构论

一个人从出生到老年必须经过不少的教育体系，同时也牵涉多重组织，他所受的教育是来自多方面的，包括“学校之内”“学校之外”“入学之前”“离校之后”。因此，宏观教育结构论认为，教育体系不能摆脱社会、文化、政治及经济结构的影响，教育体系必然与其他社会体系有所关联。

（二）微观的教育结构论

宏观的教育结构论重在剖析教育体系与其他体系的关联性，而微观的教育结构论则侧重在教育关系的分析。比如，教育活动的结构有一对多、一对一、多对一及多对多等不同的交互关系，而不同的关系在教育过程中所发生的作用也应有所不同。有人依据教育关系将教育形态区分为三种，即基本形态、班级形态、企业形态。其中，企业形态已逐渐成为现代教育结构的一种走向。

可见，“教育结构论的分析”对于学校社会工作的启示在于，学校社会工作的工作园地虽然在学校，但在其提供专业服务的过程中，并不能局限于学校体系之内，而应将工作层面扩展至相关的其他社会体系，尤其是学生家庭与社区。同时，也不能只注意正式的教育结构，应该兼顾非正式教育结构对学生从事学习与社会适应的影响力。

第四章　学校社会工作实务模式

学校社会工作主要是帮助学生正常地学习与健康成长为目的的服务。在早期，学校社会工作的领域仅限于学校与家庭之间，学校社会工作者则在学校体系中或学校与家庭之间扮演其角色，工作方法也是针对个别学生（主要是“问题学生”）提供临床服务。之后，尤其到了 20 世纪 70 年代，随着社会的急剧变迁、社会文化的复杂多样以及学生的成长面临更多的问题，学校社会工作者意识到学校与家庭的密切联系及学校与社区的相互沟通，对于增进学生的学习效能具有重要的作用。因此，学校社会工作的领域则由“学校-家庭”之间延伸至社区与其他社会机构，工作方法即从传统的个案工作方法为主发展为运用社会工作的所有方法，而学校社会工作的角色也随之关联到学生的所有目标体系，如家长、教师、行政人员与社区人士等。在这种情况下，研究者尤其是美国的学校社会工作学者如伍达德（Woodard）、凯雷（Kelley）、韩考克（Hancock）及安德森（Alderson）等，相继提出许多实务模式，以此协助学校社会工作者在提供专业服务时对工作途径与实施重点可以有所取舍。在这里，所谓的“实务模式”，可以定义为“重要的现实因素、中心思想和概念及其在这个领域内的相互关系的表现或者综述，这些是为了解释性模型建立的，即把意义复杂的现象进行简化，这样容易使人理解”。

在学校社会工作实务模式的总结中，凯雷做了大量的工作，他提出的学校社会工作实务模式的说法经常被学术界与实务界引用。凯雷认为，学校社会工作者在工作过程中经常要扮演通才、直接服务者、团队领袖、被咨询者、社区组织者等角色。为了说明学校社会工作提供上述服务的途径，凯雷整理了相关理论模式后提出了四种学校社会工作模式，即传统临床模式、学校变迁模式、社区学校模式、社会互动模式。之后，安德森又将这四种模式进行了全面的总结及广泛的传播。以下根据凯雷、安德森的观点，并参见林胜义的论述，主要从工作的焦点、目的、概念基础、主要理论、学生体系、困扰的根源、工作者的职责与行动、工作者的主要角色等八个要素，来介绍与分析不同的学校社会工作实务模式。

第一节　传统临床模式

传统临床模式又称为传统治疗模式，主要是针对“问题学生”失常的心理与行为而直接提供服务或治疗的一种工作模式，也是最常见、运用最广泛、最著名的一种学校社会工作模式。此种模式，如依照卢兹（Lutz Werner A）对临床标准的解释，它属于封闭关系且高度发展的模式。换言之，传统临床模式着重在“工作者-学生”的关系，从家人关系的分析入手，并主要运用个案工作方法来开展工作。而此种个案服务起源最早，运用最广泛，经久不衰，至今仍有其存在与发展的空间，以下具体介绍与分析此种模式的特质。

一、传统临床模式工作目的与理论基础

我们可以从传统临床模式的工作焦点、目的、概念基础及主要理论等，来阐述学校社会工作临床模式的目的及理论基础，以下简述之。

（一）从工作焦点看

纵观学校社会工作在国外与华人社会的发展历程，我们发现，传统临床模式的中心课题大多数是，“被认定社会适应困难与情绪困扰”的个别学生或问题学生，并且假定这些困难与困扰常常会阻碍学生在学校中发挥其应有的潜能及自我实现。而对于传统临床模式，斯玛丽（Smally）曾给了一个综合定义：“学校社会工作正如众所周知的访问教师工作，它有一种专门化的社会个案工作方式，这

种传统临床模式是公立学校有关方案的一种工作方式，也是协助个别学生使用学校所提供给他们的各类服务的一种方式”。可见，传统临床模式的焦点，大多数集中于被认定在社会方面或情绪方面有困扰的个别学生或问题学生身上，直接提供“工作者-学生-家庭”的社会个案工作服务，以此协助学生调适自己，达到提升学生社会功能与有效的情绪管理目标。

（二）从工作目的看

传统临床模式的目的非常广泛，但其最主要的目的是通过社会个案工作的协助，促使“有困扰或有问题的学生”在学校体系中充分发挥学习效能，并获得其最佳的学校生活经验。

（三）从概念基础看

从学校社会工作的早期文献研究发现，传统临床模式预示了学校社会工作的诸多现代概念，主要包括：其一，注意学校综合性格的形成，视学校为一种社会体系，而这种概念后来又演变为学校变迁模式的主要成分。其二，个别学生须配合与适应学校的条件。即使在今天，传统临床模式虽然不断地受到挑战与批评，但它仍然在学校社会工作中保留了下来。究其原因在于，此种传统方法维持了学校既有的条件与学校教育的权威，以此可以塑造学生在适应学校的条件中不断地进行社会化。同时，传统临床模式也大大扩展了学校社会工作者有关学校纪律与“查勤工作”的功能。比如，在美国的许多州，一直视“查勤工作”为学校社会工作者的一项重要职责，如果发现学生缺课，学校社会工作者则必须进行家访，并与学生及其父母面谈，以了解学生缺课或发生问题的原因，这是传统临床模式必要的工作项目。此外，传统临床模式也显示了学校与中层阶级邻里有深厚的联结关系，尤其在缺乏社区变迁时，诸多家长认为子女的学习成就与学校相联系。因此，学校、学生、家长与社区共同接受了此模式的一些条件。

（四）从主要理论看

传统临床模式的主要理论依据是卢兹（Lutz）的临床标准模式的解释，即认为学校社会工作者与学校、学生、家长与社区之间的关系是封闭的关系，但又处在不断的发展之中。尤其是在今天，临床标准模式已有日益扩充的迹象，其主要表现在两个方面：一是开始强调对个人、家庭与团体提供直接的服务，即强调"咨询"；二是注重"心理-社会"的评估工作，并促使此项工作成为学校社会工作者必要的一种角色。

（五）从学生体系看

在传统临床模式的学生体系中，主要的工作对象是学生，及其与学生有联结关系的家长。因此，此模式的服务对象就要从学生本人扩展到其家庭中的重要他人，即包括学生及其父母亲。

二、传统临床模式的工作介入

我们认为，可以从学生困扰问题的根源分析、工作者的职责与行动及其主要角色描述等，来分析学校社会工作临床模式是如何开展实务工作介入的。

（一）从学生困扰问题的根源分析看

传统临床模式认为，应根据心理分析理论、心理社会理论、自我心理学、个案工作理论及方法论等理论依据与观点，来观察与分析学生的困扰问题。与此同时，此模式也认为，学生的内在情绪或心理之所以有困扰，首先是因为亲子之间与家人关系的困扰所致。因此，学校社会工作者在观察与分析学生困扰问题之时，不能局限学生本人，而应从比较广泛的观点入手，最少应涵盖学生的父母及家人。比如，可以从学生的家人关系、家庭管教方式、家庭环境及家庭变故等方面，来探讨困扰学生问题的根源。

（二）从工作者的职责与行动看

在传统临床模式中，学校社会工作者主要采用了社会个案工作方法的策略与技术，而其工作方法就如同心理咨询与心理治疗人员一样，即针对个别学生提供一对一的专业介入方法及技巧。不过，作为学校社会工作的一种手法，学校社会工作者在运用个案工作方法时，要比心理咨询者或心理治疗者的介入层面更广阔。具体地说，作为临床模式中的个案工作者，其主要职责与行动包括：对学校中的困难学生直接提供社会个案服务；与教师及其他学校人员建立一种专业之间的关系；对学生家长提供社会个案工作；与社区中社会机构一起工作，共同为学生提供必要的协助；向社区解释学校社会工作的服务方案。

（三）从工作者的主要角色看

由于学校社会工作者在传统临床模式中的主要角色是配合社会个案工作的提供，这样，工作者扮演的主要角色有：使能者、支持者、合作者、被咨询者等，以此直接帮助个别学生或问题学生解决困扰，实现教育机会的均等。

综上所述，传统临床模式的理论依据是心理分析理论、心理社会理论、自我心理学、个案工作及方法论，其工作焦点是关注“社会关系弱化、社会功能失调、情绪失调、情绪受困扰”的个别学生或问题学生，并认为学生的社会与情感问题会干扰其发挥潜能及学习的开展，进而假定个体的学生与其家庭存在着功能失调或经历了一些困难。因此，学校社会工作者就要为这个学生或其家庭提供个案服务，其工作目标则是帮助这些学生提升自己的社会功能及进行有效的情绪管理，其工作对象也主要是学生及他们的父母。与此同时，此模式也认为，学生情绪与心理问题的根源在于家庭，尤其是其亲子间的互动问题所致。这样，工作者对于“有脱序行为、偏差行为或家庭发生变迁而引起适应欠佳”的学生提供个案工作时，不关注学校系统本身，仅仅是为这个学生及其家庭提供个案服务。其中，工作者应特别注意学生的家人关系、家庭管教方式、家庭环境、家庭变故等因素的探讨，以便找出问题的基本原因，对症下药，予以适当的处理。与此相适应，学校社会工作者的主要工作和活动就是，对学生与其父母亲进行个案工作，有时也运用小组工作，或把整个家庭当成一个工作对象，并发挥其“中间人”的角色，以促进学生、父母与教师之间的沟通。此外，作为临床模式中的个案工作者，学校社会工作者则主要扮演了使能者、支持者、合作协同者、咨询者等角色。

第二节　学校变迁模式

20世纪60年代，许多学者认为，美国公共教育并没有很好地完成教育学生的任务，尤其是公立学校阻碍了学生创新能力的发展与学生求知的欲望，并认为学校社会工作针对“情绪困扰学生的个性化工作”已不能全面回应学生发展的需要。因此，诸多学者开始呼吁，为了适应社会的急速变化，为学生提供更好的服务，学校社会工作应该采取更广阔的“社会生态系统”的视野及另外的学校社会工作模式。比如，一些学者认为，学校社会工作者应更多地关注学校的环境及学校的政策或安排，是否对学生产生不良影响等，而不能局限于单纯地联系学生。正是在这种背景下，学校变迁模式应运而生。

学校变迁模式又称为机构变迁模式、社会变迁模式，有时也称为社会改革模式。此种模式认为，当学校体系或教育体系不能随着社会变迁的需要而做出适切的改变之时，就会增加学生的困扰。而学校变迁模式则是促进学校做出必要变迁并协助“学校与学生”的一种实务工作模式，以下具体分析此种模式的特质。

一、学校变迁模式工作目的与理论基础

学校变迁模式认为，学校社会工作者应该具有双重功能，即帮助具体的个人，并在学校范围内处理学生困难的来源。具体地说，可以从工作焦点、目的、概念基础及主要理论等，来阐述学校变迁模式的目的及理论基础。

（一）从工作焦点看

学校变迁模式的焦点，主要集中在学校的环境本身，特别是学校的规范、规定与设施条件不能充分发挥效能的状况。究其原因在于，功能欠佳的学校规范与

设施，常常会妨碍学生在社会与教育功能上的成长，并导致学生困扰问题的增加，甚至恶化。比如，学校不当的校规与“按成绩的高低分班进行教育”的制度，不仅压抑了学生的创新能力与个性化的发展，也是造成“成绩低下”的学生学习不力、行为偏差及学校适应不良的原因之一。

（二）从工作目的看

学校变迁模式的主要目的是，在顺应社会不断变迁的需要下，改变那些功能欠佳或失调的学校规范与设施条件。比如，学校社会工作者在处理诸如高中退学、学习成绩不良与学业失败等学校问题时，应鉴别学校的政策与安排是否会对学生产生不良影响，同时，更关注学校环境的改变。简言之，在学校变迁模式中，学校社会工作者开始介入了学校体系的变迁，并以“变迁推动者”的身份，为维护学生的权益而促使学校改变。

（三）从概念基础看

学校变迁模式针对学校功能欠佳或失调的情况，会提供一种补充或纠正偏差与弊病的服务，并常常基于社会科学理论，特别是偏差理论、组织理论及精神病理学观点，来提升工作者的视野。同时，工作者也从侧重“学生-家庭”的关系，扩展为关心“学生-学校”的关联性，尤其是重视学校本身的状况。然而，由于社会科学概念的产生，学校变迁模式与传统临床模式已成为了一种鲜明的对照，这样，寻找一种介于两者之间的不同做法也开始酝酿，本章第三、四节将对此加以详细说明。

（四）从主要理论看

学校变迁模式的主要理论有两个方面：其一，维权。即以维护学生权益为中心，将学校视为目标体系的一环，并赋予学校社会工作者较大的责任。因此，在学校的权力结构中，此模式要求学校社会工作者不能墨守成规，以不变应万变，而是需要有较高的工作技术，并在不断接受社会变迁的挑战中以事实证明其工作绩效。其二，组织理论知识。即学校社会工作者必须具备组织行为的知识与有效协调的技术，并在工作中不断练习，以此促使自己具有高度谈判的能力。不过，上述理论特点也衍生了此模式的缺点，即它将工作焦点几乎全部放在“学校本身的功能欠佳或失调”方面，即学校本身的功能欠佳或失调是学生困扰问题产生的主要原因，从而忽视了其他与学生密切关联的体系，尤其是社区与家庭因素对学生的影响。事实上，学校变迁模式很难单独在学校体系中实施。即使付诸实施，仍不能忽视传统临床模式对学生直接提供个案服务的必要。正是从这个角度看，有时可能先提供一段时间的直接服务，之后评估其效益后再运用学校变迁模式。

（五）从学生体系看

在学校变迁模式的学生体系中，主要的工作对象是学校整体。这样，学校体系中的所有人，包括学生、教师、行政人员、校长、监护人等，都可能与学生交互影响，都可以视为学生目标体系中不可忽视的一分子。

二、学校变迁模式的工作介入

可以从学生困扰问题的根源分析、工作者的职责与行动及其主要角色描述等，来分析学校变迁模式是如何促进学校变迁，进而协助学校与学生来开展实务工作的。

（一）从学生困扰问题的根源分析看

在学校变迁模式的发展历程中，社会学的偏差理论与组织理论，尤其是有关越轨社会学对于偏差行为或失范的解释等，是探讨学生困扰根源的主要概念。比如，根据社会学的失范理论与标签理论的解释，某学生因偏差行为而被认定为违反了校规。那么，这个学生的角色功能在学校的处境下则会遭遇到困扰。正如谢菲（Shafer Walter E.）曾经指出的那样，如果教师把偶尔有偏差行为的学生看作是惹是生非者而另眼看待，此种标签将会影响学生在学校的生涯发展。而另一位学者鲍尔（Bower Eli M.）进一步批评说，现在的诸多学校机构已经变质了，其基本目的是在管理学生的日常行为而不是在教育学生。比如，学校为了管理方便实施了“发禁”，在倡导学生休闲生活时又禁止舞会，某些班级人数过多而无法实施适才适性的辅导，以及教学内容与社会生活脱节而不能引发学习兴趣，等等。因此，学校的规范与机构政策对学生的成就与效能则会产生负面影响，甚至促成学生产生困扰问题或者偏差行为。

（二）从工作者的职责与行动看

魏特（Vinter Robert）与沙利（Sarri Rosemary C.）曾在分析学校变迁模式时指出，学生行为表现不佳，乃是学校设施情况与学生个性交互作用的结果。根据此种概念，学校社会工作者的主要职责是设法改变墨守成规的教育体系，改变学校不适当的、功能欠佳的规范与情况。学校社会工作者展开的介入行动主要是提供一种类似权利维护者的服务。即一方面要协助学生认清他们对学校规范或相关设施深感不满的问题，并倾听他们对此问题的意见；另一方面则要与学校有关人员共同评估学生的困扰问题，以促使学校做出必要的改革。具体地说，学校社会工作者的介入行动主要包括：其一，学校社会工作者应充分了解学校的各种情况，开放自己，并与学生打成一片；其二，协助学生认清并判断他们认为学校规范过分苛刻以及深感不满的问题；其三，提供类似“权利维护者”的服务，倾听学生的诉苦与抱怨；其四，成立一种由学生、教师、行政人员组成的非正式团体，让他们倾吐苦衷与理解彼此的感受，以找到解决冲突的办法；其五，由学生、教师、行政人员组成“问题解决小组”，视学校为一种体系，并由学校社会工作者充当“变迁推动者”，以此共同评估学生的困扰，从事学校体系的改革行动。

（三）从工作者的主要角色看

在学校变迁模式中，学校社会工作者的主要角色是，充当学校变迁的推动者与推进机构变迁的催化者，以此改变学校的安排，促使学校做出必要的改变，进而减少学生在学习上与生活适应上的困扰。

总之，学校变迁模式基于社会科学理论，特别是偏差理论、组织理论与精神病理学观点，来提升工作者视野的，其工作焦点是关注学校的环境本身，特别是集中在学校的规范、规定与设施条件不能充分发挥效能的状况。因此，学校社会工作者的目标是在顺应社会不断变迁的需要下，改变那些功能欠佳或失调的学校规范与设施条件，因为学校不当的情况是造成学生学习不利、行为偏差与学校适应不良的原因之一。从这个角度看，学校变迁模式的学生体系是整个学校，包括学生、教师、行政人员、校长及监护人等。与此同时，由于此模式认为，学生的问题根源在于学校规范或设施陷于僵化而不能发挥其功能，以及学校可能比学生更像是学校社会工作者的学生。这样，学校社会工作者在处理学生的偏差行为，或者协助适应欠佳的学生时，必须掌握学校功能上所引发的可能因素和出现的种种问题，以此积极参与学校的决策；同时，工作者要以倡导者、协商者、咨询者、调停者等角色，来促使学校做出必要的改变，以配合学生发展的需要，达成学校教育的目的。学校社会工作者的主要介入行动就是提供一种类似权利维护者的服务，即以小组工作的方式直接与学生讨论、接触，以个别或小组工作方式与教师和行政人员进行咨询活动，由此共同评估学生的困扰问题，推动学校变迁，增强学校的正功能，并在学校整个环境的改善中来回应学生与老师的问题。

第三节　社区学校模式

广义的学校社会工作强调包括更多的外延活动，并设法增进社会对学校的了解。安德森（Alderson）称此种工作模式即为社区学校模式。而追溯学校社会工作的发展历史，之所以将“社区学校模式”纳入学校社会工作关心的视野，首先是因为“学校-社区”关系中不断增多的困扰问题，尤其是市区学校有关少年犯罪、辍学者、中途被退学者、失业青少年及处于不利地位人群等问题，急需社会工作者的介入及回应。由于上述新问题的出现及学生新需要的事实凸显，自20世纪60年代起，美国已有相当多的学校采用了社区学校的概念，即将学校社会工作服务引入“社区系统”的广阔视野之中。这其实是一种更为广义的团体工作，目的是使学校的社区与地理上的社区更为接近，以此加强学校与社区的联系，更加有力地回应当时社会变迁引发的学生的新需要。

其次，社区学校模式之所以产生并能获得发展，是由于学校社会工作者将社区关心学童的工作引入学校而奠定了根基。比如，20世纪60年代，在美国底特律的公立学校实施了一项由福特基金会赞助的项目。而这个项目旨在让贫民区的社区与学校更为接近，以此帮助学习困难的儿童来建立学校与社区的双向沟通关系，并达到改善这些学生学习成绩的目标。因此，学校社会工作者在授权之下开始从事教学的协作，其工作就是为了联系学校与社区。其实“与社区一起工作”的概念，早已是学校社会工作中传统临床模式的一部分。不过，比较“与社区一起工作”的概念，社区学校模式有更为完整的范围。比如，在早期的临床模式中，“社区工作”概念是对个别学生提供一般服务，而现在已有一些主题出现，并且确立了学校社会工作者在社区中的角色。正如内伯（Nebo John C.）所说：“除非采用社区组织方法，否则学校社会工作者就无法成功地发挥其功能。”换言之，学校社会工作者必须参加社区组织工作，否则就是一种过失。至此，学校社会工作者在“学校-社区”工作中的战略地位及意义也就确立了。而关于社区学校模式的全面理解，详见以下的特质分析。

一、社区学校模式工作目的与理论基础

如上所述，社区学校模式所关心的主要课题是“学校-社区”之间关系的失调，并设法增进社区对学校的了解与支持，以此协助学生减少困扰，增加学习效果。以下首先从工作焦点、目的、概念基础及主要理论等，来分析学校变迁模式

的目的与理论基础。

（一）从工作焦点看

社区学校模式的焦点，主要集中在社区组织“阻挡”或“不利于”学校发展的状况。在这里，所谓的“阻挡”或者“不利于”，是指社区的目的与规范，与学校的步调不一致，即社区不了解与不信任学校，也就不支持学校的方案。比如，社区因为贫困与存在缺陷而会误解或猜疑学校。因此，弗利汉（Hourihan Joseph P.）指出，社区学校模式必须与所处的学校与社区密切关系，并预测了因为这种工作模式的发展，学校社会工作者的需求量将会与日俱增。相应地，学校社会工作者也会放弃传统的取向，转而采取较有创造力的“社区取向”途径及运作模式。概括地说，社区学校模式的焦点会放在个人与各种团体势力的交互影响，而这种交互影响也包括个人与他自己的互动。比如，在社区学校模式下，工作者的主要活动是关注市区学校，协助学校体系中不能充分发挥效能的人群，尤其是适应欠佳的学生；同时，当社区与学校遭遇激烈变迁时，应理解学生困扰产生的社区因素，并对社区与学校环境加以适当的调节与整合。

（二）从工作目的看

社区学校模式的主要目的是，促使社区居民尤其是学生家长了解学校政策，支持学校的做法，以发展学校教育方案来协助困难学生，并改善影响学生学习与妨碍学生发挥社会功能的情况，特别是经济处于不利地位与文化匮乏的状况。可见，社区学校模式的工作目标是，发展对社区的了解与支持，发展学校方案去帮助贫困与文化失利家庭的学生。从这个角度看，此模式会强调社区参与及社会工作者必须“主动找上门”而提供服务。正如梅尔（Merf Lawrence）指出：当社区与学校之间的关系有了困扰时，学校社会工作者必须主动到有问题、有需要，以及可能发掘答案的地方去，即“工作者必须主动找上门，不要等到被找上了门”。这就是说，学校社会工作者应对学生所居住的家庭与社区提供一种“送上门”的服务，以促使社区居民尤其是学生的家长对于发展社区的理解，支持学校及其计划，从而形成合力来协助困境学生走出“缺少知识、少食物”的境地。

（三）从概念基础看

社区学校模式基于社区、学校联结概念与沟通理论来拓宽工作者的视野，并集中于两个要点即参与社区工作的“必要技术”与“工作者的态度”来形成工作介入的基础，以下简述之。其一，在技术方面。学校社会工作者必须对参与社区工作的必要技术，比如调查、分析、组织、规划、沟通、协调、评估等加以掌握与运用，以便在社区中发挥其功能，并鼓励社区里的居民、学生和家长，投入和参与学校的各种活动或计划。其二，在态度方面。通常学校有关人员很难理解学校社会工作的活动集中于社区，也难于认同社区工作有利于学生的发展，甚至会质疑社区学校模式下工作者参与社区发展的合法性。对此，学校社会工作者应该为社区辩护，帮助社区提出一些与学校有关的问题，并显示工作者正在设法改善这些问题，以此获得聘用机构的认可与支持。正如斯驱利特（StreetDavid）在访问了许多社区机构后而提出的“行家见解”所说，社区团体对学校提出的建议性的批评，不是多管闲事，而是学校自我改进的一种机会。因此，学校社会工作者必须同时认同于社区与学校，并具备维护与推动变迁的高度技术，这才符合社区学校模式的要求，学校社会工作者的工作任务兼具“社区与学校”的双重性，即一方面必须教育社区了解学校可以提供什么，组织社区支持学校及其计划；另一方面，应向学校管理者解释社区所蕴含的动力与动态的社区因素。

（四）从主要理论看

社区学校模式主张采用“社区取向”，其主要理论有两个方面：其一“完美的儿童”的原则，这是社区学校模式所依据的主要理论前提。按照学校教育的目标，即我们要教导具有完美人格的学生，就必须注意影响学生的所有势力。换言之，学校社会工作者不仅要注意学生在学校里的时间，也应该留意学生上学前与放学后待在家庭与社区的所有时间。其二，学校联结概念与沟通理论。根据上述的“完美的儿童”原则，学校社会工作者大多采取“社会取向”或“社区取向”的成长趋向，这就必然会引出“加强学校与社区的联结及沟通”。在这里，尤其强调学校社会工作的教育机构主动与社区沟通，并能够充分地为学生提供社区工作的机会，以准备将来充分运用社区关系。这样，不仅可以发展出对社区的了解与支持，也能够发展学校的方案去帮助贫困与文化失利家庭的学生。

（五）从学生体系看

在社区学校模式的学生体系中，主要的工作对象是学校周围的社区环境，包括社区与学校两者的交互关系。这样，社区、学校本身及其他系统则是此模式的工作目标系统，而对于上述系统的介入，对于学生教育目的的干预同样重要。

二、社区学校模式工作的介入

可以从学生困扰问题的根源分析、工作者的职责与行动及其主要角色等特质的分析，来阐述社区学校模式是如何从“社区取向”来推进社区与学校的交互关系，从而协助学生形成完美人格而展开工作介入的。

（一）从学生困扰问题的根源分析看

社区学校模式认为，产生学生问题的主要根源包括，学生所处社区的经济条件匮乏、社区组织松散、社区功能欠佳，以及学生与学校人员发生冲突的情境。上述困扰学生的问题根源可以分为两点：其一，贫困与其他社会环境，致使学生产生了诸多困扰。其二，学校人员未能充分了解学生所处的社区的文化差异、贫困的原因及社会机构功能失调等，致使学生处于特殊困境之中。比如，学校人员因缺乏“社区生态系统”的介入理论，不能完全了解社区文化的差异与贫困的影响，使得学校人员不能发展学校方案来帮助贫困与文化失利家庭的学生。又如，教育机构中的学校社会工作者，因缺乏协助学生所需要的专门化知识与技能，也无法协助学生减少困扰而增加其学习效果。

(二) 从工作者的职责与行动看

在社区学校模式中，学校社会工作者的主要任务是提供外延的活动并实施新方案，以达致学校与社区之间的相互了解、持续互动及发展。因此，学校社会工作者的主要职责是，把自己投入到社区的各项活动中，从中观察可能造成学生困扰问题的社区因素，并协助社区居民去了解学校的教育方案，鼓励他们参加有关的活动，以此改变那些不能满足社区青少年学生需要的社区环境。具体地说，可以把学校社会工作者的职责与行动分为以下五个方面：其一，设法获得并深刻认识学生及其家长，鼓励他们说出自己的问题。比如，学生在家里遭遇的问题是什么，学生的家长问题是什么，学生及其父母面临的社区问题或社会问题又是什么，等等。其二，成为学校人员与动态社区中的一分子，鼓励社区说出自己的问题，从中观察并记录可能造成学生困扰问题的社区因素。其三，亲自参与社区活动，并把自己的身心投入社区的各项活动之中。其四，鼓励社区组成团队探讨疑难，发掘新问题，提出意见，以此改变那些不能满足青少年成长需要的社区环境。其五，帮助学校与社区互相了解，倡导社区人士重视学校所提供的相关计划，鼓励并协助他们了解学校的教育方案，并参与有关活动。

(三) 从工作者的主要角色看

在社区学校模式中，学校社会工作者的主要角色是调解、倡导及外展，以此协助学校与社区之间处理危机或冲突，建立良好的互动关系。比如，当“学校-社区”之间的关系产生裂痕时，学校社会工作者就会被指派去提供服务，并成为处理危机小组的一员。当然，这个小组活动并不局限于学校或社区，在不同的时空环境下，学校社会工作者经常扮演媒介者、使能者、倡导者、组织者、发展者等角色，以协助不同社会经济地位与文化背景的成员彼此充分了解。由此，可以促使社区居民提出他们所关切的议题，帮助学校与居民相互了解与信赖，鼓励社区居民、学生和家长，投入及参与学校的各种活动与计划。

简言之，社区学校模式以“完美的儿童”为原则，以社区与学校未能密切配合及致使学生产生困扰为前提，基于社区、学校联结概念与沟通理论等，来构建“社区取向”的工作概念框架。这样，其工作焦点主要集中在社区组织“阻挡”或“不利于”学校发展的状况，其工作重点是文化失利的社区，而该社区里的组成分子有相当多的学生的家长，他们对学校不了解与不信任。因此，社区学校模式的工作目标是，发展对社区的了解与支持，发展学校的方案去帮助贫困与文化失利家庭的学生，并强调工作者必须“主动找上门”而提供服务。从这个角度看，社区学校模式的学生体系应是学校周围的社区环境，工作的目标系统是社区、学校及其他系统。与此同时，由于此模式认为，学生的问题根源在于贫困与其他社会环境，以及学校人员不能完全了解社区文化的差异与贫困的影响。这样，学校社会工作者的主要职责是，亲自参与社区活动，鼓励社区说出自己的问题并提出意见，帮助学校与社区相互理解，鼓励社区参与学校的一些相关计划。与此相适应，工作者则会经常扮演媒介者、使能者、倡导者、组织者、发展者等角色，以此协助不同社会经济地位与文化背景的成员彼此充分了解及互动，并善用学生家长会议与社区理事会议等，来联系学生的家长与社区人士的支持，以及投入学校的各种教育方案，从而改变那些不能满足学生需要的社区环境。

第四节　社会互动模式

20 世纪 70 年代，随着美国教育的迅速发展，学校社会工作进入了急剧的扩张时期，学校社会工作者的数量不断地增长。不仅因此，伴随社会环境的迅速变化，学校社会工作者更多地关注与注重家庭、社区、与其他学校相关部分的工作人员的合作，以及残障学生的权利保障。因此，学校社会工作实务也处在不断的发展之中。在这种社会背景下，20 世纪 70 年代之后，为回应美国教育发展的新需要及促进学校社会工作实务的深入发展，学校社会工作者尝试着调整其角色与工作方式，发展出了一种新的运作模式即社会互动模式，以促使学校社会工作的关注点扩展为更为广阔的学校与社区层面的视野，并在生态系统理论的视角下，从学生与学校、家庭、社区的沟通及互惠互动中，来有效地处理学生、学校和社区的问题。

显然，社会互动模式强调的是个体与团体之间产生的交流与互惠，也是前述的三种学校社会工作模式的整合。比如，传统临床模式侧重于“学校-家庭”的关系，学校变迁模式着眼于“学生-学校”的关系，社区学校模式强调“学校-社区”的互动，而社会互动模式则兼容并蓄，从全面的观点，关心学生个人及其周围各种团体或势力的交互影响，同时也重视“学生-学校-家庭-社区”的连带关系及在“共同利益”下的互惠互动，以此成功地协助有困扰的学生。对于社会互动模式的特质，可以做出如下的简略分析。

一、社会互动模式工作目的与理论基础

社会互动模式认为，应从生态系统论的观点关注“学生与家庭、学校、社区”之间交流的质与量，扫除阻碍上述系统之间互惠互动的障碍，以此发展互助系统，形成学生教育的合力，从而实现学校教育的目标。具体地说，可以从社会互动模式的工作焦点、目的、概念基础及主要理论等，来阐述学校社会工作社会互动模式的目的及理论基础。

（一）从工作焦点看

社会互动模式应注重改善学生个人与身边环境的交互关系，其工作焦点则主要集中在个人与环境的交互影响，或放在“个人与团体行动”的交互影响。而此种交互影响包括了个人与他自己的互动。至于这里的“团体行动”，是指学生团体、学校人员、家庭人员、社区组织及其他有关机构或人群的行动。概括地说，社会互动模式的关注点是学生与家庭、学校、社区之间的互惠互动，并在互

动中鉴别问题。

（二）从工作目的看

社会互动模式的主要目的有两个方面，一是审视与学生个人产生交互作用的领域，即在学生与学校的互动之中找出互动过程中的问题，扫除阻碍“学生、家庭、学校、社区”之间互惠互动的障碍，并发展出上述各个系统之间的互助系统。二是运用专门化的方法论，确定各个系统之间“共同的、共享的领域”，找出各部分之间“共同利益”，来调适学生的困扰问题及其在社会化过程中所有参与者的交互关系，从而形成教育合力，促使学生获得良好的适应及发展。

（三）从概念基础看

由于社会互动模式建基于系统理论、社会科学理论与沟通理论，以促进学生、家庭、学校、社区之间的沟通与互动。因此，社会互动模式的前提条件是，学校社会工作者必须具备各种学生体系的知识，并据此与之互动。与此同时，由于学校社会工作者的工作焦点主要放在各个互动的场域，如老师与学生之间接触互动的各种情境，这样，学校社会工作者通常需要运用一种技术，以深入了解独立的个体与家庭成员、小团体与邻里团体、不同体系与机构之间的关系。比如，在了解老师与学生之间接触互动的各种情境中，就包括了课堂上的教学接触、下课后的人际接触，以及各种学生问题处理的情境等。而社会互动模式的运作就是根据上述关系的一般特质，由学校社会工作者以一种专业的方法，在权责范围内有目的有计划地协调各种学生体系，使其产生良好的互动。

（四）从主要理论看

法国数理经济学家伯特兰德（Bertrand）曾经提出了一种“问题中心”的理论，用以说明社会互动模式的特性。具体地说，伯特兰德的此种理论包括：涉及的范围广泛，围绕任何现存的问题进行“毫无限制”的、彻头彻尾的思考，根据学生或学生团体的需要展开一种“行动取向”的运作。而根据伯特朗（Bertrand）的“问题中心”理论，在聚焦于学生或学生团体的困扰问题中，基于系统理论、社会科学理论与沟通理论，社会互动模式的操作性定义则包括了以下含义：首先，需要界定学生问题的意义；其次，把学生（学生）当作学校、家庭、社区体系的一部分，广泛察觉与分析“致使学生产生困扰”的各种因素；最后，要有系统地调整学生与每一个有关体系之间的交互关系。

（五）从学生体系看

在社会互动模式的学生体系中，主要的工作对象是互动体系中的相关人员，即学生个人和他自己、学生个人和他成长过程中的有关团体。具体地说，在社会互动模式中，根据社会生态系统观确定的“作为一个社会系统”的学校的效用，学校社会工作者必须介入与学生相关的各种学生体系，包括学校、家庭、社区、教师及其他学生，并运用专业知识、态度及技术来联结这些不同的体系，发挥影响力，由此解决问题、完成任务，促进学生获得最佳的发展。

二、社会互动模式的工作介入

可以从学生困扰问题的根源分析、工作者的职责与行动及其主要角色等特质的分析，来进一步诠释社会互动模式是如何从促进“学生、家庭、学校、社区”的互惠互动，来形成互助系统，并运用直接服务方式，经由个案、小组与社区工作的技巧，以达成工作目标而展开工作介入的。

（一）从学生困扰问题的根源分析看

社会互动模式认为，在个人的成长过程中，社会互动是彼此需要的一种关系，而此种关系一旦缺乏交流与互动，或者系统之间运作不当，则会形成学生的各种困扰问题。因此，依照社会互动模式的观点，学生问题的来源，是学生与解决其问题的各个系统之间的互动发生了困难，从而无法得到信赖与帮助。比如，学生需要导师帮助其处理情绪、学业与家人关系问题，但由于师生之间彼此关系疏离，学生羞怯或师生关系紧张，学生就得不到导师的帮助。简言之，社会互动模式认为，学生问题产生的主要根源是，学生和各种系统之间在社会互动中出现了问题，从而不能进行沟通及未能形成互助体系所致。

（二）从工作者的职责与行动看

在社会互动模式中，学校社会工作者的主要任务是发现学生系统之间在互动中的问题，并进行协调。因此，学校社会工作者的主要职责是，设法找出学生个人与其他团体发生互动关系的范围，并经由协调的过程，促使学生所处的社会体系为自我满足而展开互惠互助的行动，由此在充分运用社会资源中去协助有困扰的学生，或者去对抗那些影响学生顺利互动的障碍。此外，由于学校社会工作者在履行此项协调工作的职责时，偶尔会发生一些困扰，尤其需要注意以下两个方面的工作误区：其一，学校社会工作者通常不太专注于学生本身，而是过分专注于家庭体系、学校体系或社区体系，从而未能注意个人在这些社会体系中的功能。从这个角度看，学校社会工作者有责任同时为个人与社会体系两个方面、为学生与学校两者提供服务。否则，其工作就无法达到预期的效果。其二，学校社会工作者不是安排一个体系去对抗另一个体系，而是协助学生相关的各种体系认清他们互动的范围并一起工作。因此，基于上述分析，可以进一步把工作者的职责与行动划分为五个方面，包括：找出各个系统之间互动关系的范围；探讨并设法对付系统之间互动的障碍；提供学生未曾利用的资源；提出一种远景（即在这项活动中，学校社会工作者必须投身于学生与重要社会体系或机构的互动中）；发掘工作情景的需要与限制。

（三）从工作者的主要角色看

在社会互动模式中，由于学校社会工作者的主要职责是，在学生个人与家庭、学校、社区的各个系统之间建立共同的目标，促进与帮助上述系统之间的沟通，建立互助系统，以促进学生获得最佳的发展。因此，学校社会工作者主要扮演的是一种协调者的角色。即运用直接的服务方式，经由个案、小组与社区工作的技巧，采用调解、咨询与激励等手段，以此协助各种系统去除障碍，促进系统之间的沟通与互动，改善关系，形成教育合力，从而解决学生的各种困扰问题。

综合以上对于社会互动模式特质的分析，我们认为，社会互动模式是根据伯特朗的“问题中心”理论，基于系统理论、社会科学理论与沟通理论等，来建立学生、家庭、学校、社区之间“互动领域”的工作概念框架的。这样，其工作焦点主要集中在各个互动的场域，以及学生与周边系统之间的互惠互动。相应地，其工作的重点在于找出学生与周边系统在互动过程中的问题，发展彼此互助的系统，去除系统之间互动的障碍。因此，社会互动模式的工作目标是，审视与学生个人产生交互作用的领域，形成互助系统，促使学生获得良好的适应及发展。从这个角度看，社会互动模式的学生体系应是互动体系中的相关人员，即学生个人和他自己、学生个人和他成长过程中的有关团体，包括学校、家庭、社区、教师及其他学生。与此同时，由于此模式认为，学生的问题根源在于，学生与解决其问题的各个系统间的互动发生困难，进而无法得到信赖与帮助。这样，学校社会工作者的主要职责是，找出及强调双方的共同性，建立彼此的目标，改善与协助双方的沟通，建立互助系统，并以直接服务的方式，经由个案、小组与社区工作的技巧，达成工作目标。与此相适应，工作者主要扮演的是协调者的角色，即采用调解、咨询与激励等手段，促进系统之间的沟通与互动，形成教育合力，解决学生的各种困扰问题，从而促进学生获得最佳的发展。

对于前述的四种学校社会工作的运作模式，安德森（Alderson）曾做出了系统的总结。学校社会工作的四种模式有两项共同的特色：一是重视目标体系；二是强调与他人一起工作。这就是说，学校社会工作在提供服务的过程中，必须考虑与学生有关联的“重要的生态系统”，如家庭、团体、学校、社区或其他的特殊体系，并与这些体系中的“重要的他人”形成教育合力，以此协助学生解决困扰问题及达成工作目标。与此同时，为了促进这些“重要的他人”共同为学生提供最佳的服务，学校社会工作者必须经常扮演使能者、合作者、被咨询者、变迁推动者、协调者、拥护者、组织者等角色。不仅如此，在实际的学校社会工作的过程中，学校社会工作者也会联合使用或整合运用这四种实务工作模式，并依照实际情况、特殊需要与资源而做出灵活的变通。不过，在当今的华人社会中，学校社会工作者较多采用了第一种模式，但采用第四种模式的学校社会工作者正在增多，也希望在不远的将来这种模式能够成为学校社会工作的主导模式。

此外，除了安德森（Alderson）的四个模式之外，在美国，还有一个重要的实务模式，即柯斯汀（Costin）提出的学校社会工作实务模式。柯斯汀的模式形成于多个大学联合所做的一项旨在改善学生工作服务的试点计划，即柯斯汀的学校-社区-学生关系的模式。此模式强调学生、学校与社区之间互动的复杂性，其主要目标是改善这三个部分之间的互动，从而在一定程度上修改不利的学校制度的安排与政策。同时，它也关注学生小组与他们学校的特点，注重学生群体的环境而不是小组个体成员的个性发展。比如，在离家出走、少女怀孕或者有相似学习需要的学生小组中，由于这些学生的独特个性，会使他们在与学校、社区环境的相互作用中逐渐变得不能很好地发挥自己的功能，但学生的问题不是突然从小组中爆发出来的，而学校与社区才是问题形成的根源。因此，在这个模式中，学校社会工作者采取的主要工作方式不是个案社会工作，而是协助发展新项目，并就影响学生不良表现的政策或措施与学校管理者进行协商与合作，同时与社区机构合作，以此向学生及其家庭提供服务。另外，此模式还有一个必需的组成部分，即建立学校社会工作者与学校辅助工作人员之间跨学科的工作小组及进行合作。我们认为，目前开展的学校社会工作实务中，因较多地采用了“保守”的临床模式，我们也希望在未来可以加入柯斯汀的学校-社区-学生关系模式的“改革”元素，以凸显当今国际化学校社会工作的特色。

第五章　学校社会工作基本方法

从具体的工作方法看，学校社会工作主要秉承了社会工作的三大基本方法，即个案工作、团体工作和社区工作三种形式。其中，学校个案工作主要是针对因适应不良或遭遇重大挫折而出现情绪和行为问题的学生，并从发展辅导的视角来为学生提供个别的、有针对性的辅导和服务；学校团体工作主要是运用团体工作的方法，如治疗小组、发展小组、互助小组等，以团队活动和团体支持等形式来对学生进行偏差行为的矫正和预防，或者提供发展性服务；而学校社区工作的工作对象除了在校学生之外，还涉及学生的家长和社区人士，即通过争取社区的支持与合作为学生提供必要的帮助与支持，并以发展性和教育性的活动为主。此外，除了上述三大主要工作方法，学校社会工作者也会采用个案管理、外展社会工作，以及社会工作行政、研究和督导等间接工作方法，来有效促进在校学生的健康成长及其能力建设的提升。而在早期，学校社会工作强调采用个案和小组的方法为学生提供直接服务，而目前的趋势是，主张运用社区资源，综合各种服务方式来协助学生。

第一节　个案工作方法

一、学校个案工作概述

正如上述案例所显示，小惠迫切需要学校社会工作者为其提供个案辅导的服务。那么，什么是个案工作，个案工作的服务内容有哪些，它又有哪些特点和作用呢？以下具体描述与分析。

（一）学校个案工作的定义

学校个案工作是个案工作在学校范围内的细化和延伸，而对于学校个案工作的定义，不同的学者有着不同的看法。比如，深圳大学心理与社会学教授李晓凤认为，学校个案工作主要是针对适应不良、遭遇重大挫折，从而出现情绪和行为问题的学生，但应视学生问题是发展中的正常议题，并在此基础上为学生提供服务。而詹维明认为，学校个案工作有狭义和广义之分，狭义的学校个案工作是帮助学生自主，而广义的学校个案工作则是促进学生的全面发展，受助者凭借个案工作的过程来学习面对问题及解决问题的技巧，从而全面均衡地发展自己的人生。此外，范明林认为，学校个案工作是有着专业训练背景的工作人员秉承社会工作的理念和价值，在专业理论和技巧的指导下，为学生提供解决问题和全面发展的服务活动和服务过程。

综合各家看法，归纳各种定义，我们认为，学校社会工作的定义至少包含以下几个方面的内容：第一，它的对象是学校里的在校学生；第二，它是一项个别化的助人活动，既包括对适应不良学生的矫正工作，也包括针对普通学生的预防性和发展性的工作；第三，它是一项专业的助人活动，既需要专业的人才来实施，也需要专业的理论和技术来支撑。结合以上分析，从个案工作的定义出发来解释学校个案工作，我们认为，学校个案工作是学校社会工作方法的一种，它以全体学生尤其是适应不良的在校学生为服务对象，由专业的学校社会工作者运用有关青少年成长的专业知识和技巧，为学生提供物质或情感方面的支持与服务，以此帮助他们解决一些自身能力和资源条件下无法解决的学习、人际交往和学校生活适应等方面的问题，从而达到个人成长的最佳状态。

（二）学校个案工作的目的

从目的来看，学校社会工作主要有矫治、预防、发展三方面的功能和目的。

而作为其中的个案工作方法，主要面对的是适应不良或有行为问题的学生，并主要以矫治的目的为主。同时，因社会工作的目的是促成人和社会的协调发展，而作为社会工作的一部分，学校个案工作的目的也可以分为社会和个人两个层面。

从个人层面来看，学校个案工作的目的在于帮助每一位处于困境中的学生，了解和接纳自己的长处和不足，挖掘自身潜能，提升他们自己解决问题的能力，以有效适应学校和社会环境，满足其需求与期望。同时，在此基础上，进一步发挥学生的优势，建立信心，顺利度过成长过程中的冲突与困惑期，建立良好的人际关系，树立自己的价值观，从而实现自身全面、健康的发展。

从社会层面来看，学校对于学生来说即是一个小小的社会。因此，学校个案工作在保证校园公平与正义的前提下，应保障每一位学生的尊严和权利，满足个人需求，并使每个学生获得适才的教育；同时，学校个案工作还应减轻或遏制因个体社会功能失调而带来的班级和校园影响，维护校园的安定团结。

（三）学校个案工作的性质

学校个案工作的性质是由其定义和目的所决定的，而从上述对学校个案工作的分析和理解中，我们可以进一步界定学校个案工作的性质，其主要体现在以下几点。

1. 专业性

学校社会工作是一项专业的助人活动，其操作主体为受过专业训练的学校社会工作者。这样，坚持学校社会工作的价值理念和社会工作的方法技巧，是区别于一般的学科教师、班主任或思想政治教育辅导员的角色和工作的关键点。

2. 全面性

学校个案工作的全面性主要体现在两个方面。一方面是从其受众而言，学校个案工作的服务对象包括全体在校学生，无论是适应不良的学生还是适应良好的普通在校生，甚至是发展超越了普通学生的资质优异生，都在学校个案工作的服务范围之内。另一方面，从服务内容而言，学校个案工作不仅帮助困难学生解决问题、扫清成长过程中的障碍，也要协助全体学生挖掘自身潜能，形成良好的人生观、价值观，促进每一位学生的全面发展。即它不但具有治疗性质，也有预防和发展的功能。

3. 学生本位

学校个案工作是运用各种科学的助人知识和活动来协助学生成长的，其服务对象是在校学生，其本质与目的是助人自助。因此，学校个案工作的工作过程和服务的实施，都要以学生的需求为最高宗旨，始终把学生放在第一位，由此提升学生自己解决问题的能力。

二、学校个案工作基本理论

经过多年的发展，学校个案工作已经有其成熟的实践理论，包括理性情绪理论、行为矫正理论、人本主义理论、心理社会理论、抗逆力理论、危机干预理论、任务中心理论、现实主义治疗理论等。由于篇幅的限制，本章将介绍最为普遍的有效的前五种理论。此外，需要指出的是，本章中的基本理论是基于社会工作实务角度进行阐述的，又称为实践理论，这与第四章学校社会工作基础理论中阐述的侧重点与理论层面有所不同。

（一）理性情绪理论

理性情绪理论属于认知疗法的一部分，由临床心理学家艾利斯（A. Ellis）于1995年创立。其基本原理是通过改变人的认知来达成行为的改变。理性情绪理论也叫ABC理论，该理论认为，情绪和行为问题是由人的非理性信念所导致的，而非诱发事件所致。因此，要改善情绪和行为上的问题，则必须找出服务对象的非理性信念并加以驳斥。而当非理性信念为理性信念所替代时，人的情绪和行为自然就会朝着好的方向发展。一般来说，非理性信念主要包括以下三个方面：1. 要求绝对化。即从自己的主观想法出发，认为某件事一定会发生或一定不会发生，在任何事情和评价之前均冠以“一定”或“必须”之类的概念，而不管事实到底如何。陷入此种非理性信念的人，常常会受到焦虑情绪的困扰。2. 过分概括化。即对事件的评价以偏概全，通常会以一件事情的结果来评判自己或他人的整体行为和价值，表现在对自身的自暴自弃和对他人的求全责备。陷入这种非理性信念的人，常常会受到抑郁和愤怒情绪的困扰。3. 糟糕透顶的想法。即认为某件事的发生会导致灾难性的和无法挽回的后果，个体因而产生对未来的绝望、不安和处于极度痛苦的情绪中不能自拔。

（二）行为矫正理论

行为矫正理论隶属于行为学派，同理性情绪疗法相辅相成，并融合成为认知行为疗法。而行为矫正的理论基础是巴甫洛夫提出的“刺激-反应”原理，即用于帮助服务对象建立或消除某种行为，从而达到矫正的目的。继巴甫洛夫之后，华生提出一切行为均可通过训练得到，而斯金纳、沃尔普和班杜拉等人对其进行了发展，建立了一套行为矫正的理论，包括：1. 不良行为与正常行为一样，可以通过学习而获得或者驱除；2. 外部环境和人的内部信念相互作用，个体通过对外界刺激的反应来塑造行为；3. 行为是可观察和可测量的心理现象。行为矫正的过程包括：确定学生行为问题的主要表现；了解不良行为发生的原因；向学生说明行为治疗方法的特点；确定治疗目标；选取合适的技术；给予正、负强化；巩固效果并将期望推广到日常生活之中。

（三）人本主义理论

人本主义理论由美国心理学家罗杰斯创立，被称为除精神分析、行为学派之外的心理学第三种思潮，对心理学界和社会学界都产生了巨大的冲击。人本主义理论的立论点有：1. 人是积极、理性和有进取心的，每个人都值得尊重，都有其自身的价值；2. 人具有内在自我成长的能力，都有自我实现的愿望和潜能，并能自己掌握自己的命运；3. 人能够了解和改变自己，能够自立和对自己负责。基于此，人本主义取向的社会工作者应采取以当事人为中心的服务理念，通过工作者真诚的关怀、接纳和同理，帮助学生认识、分析和接纳自己，培养学生面对现实和解决问题的勇气，发展其潜能，从而达成自我实现。因此，在整个辅导过程中，学生自始至终都是计划和行动的主角，工作者应以学生的需要为依据，但会谈的控制权在学生手中，最终的行为改变也是学生发自内心的决定；而工作者则是配角，并将关注点放在态度和人生观上，而不是关注技巧本身。相应地，工作者在整个辅导过程中只是一个协助者的角色，其主要的功能是聆听、情感反映、澄清等。

（四）心理社会理论

心理社会理论是社会工作专业最常用的、也是最具特色的治疗和辅导方法，起源于精神分析师里奇曼（M. Richmond）和美国早期政治家汉密尔顿（G. Hamiltn）的思想，后于20世纪60年代为心理分析学家霍利斯（F. Hollis）所完善并发展。心理社会理论中最重要的概念是“人在情境中”，该理论认为，个案社会工作是关于人的工作，应注重于研究学生的环境及社会环境间各要素的关系，即人在情境。同时，由于人们受环境压力及人们相互冲突的影响和困扰，这样，应用系统的方法去分析情境中人们的行动，也要用精神分析的方法研究人们的压力和困扰。另外，心理防御机制对理解人们如何与环境互动也起着重要的作用。简言之，在心理社会理论中，一方面，工作人员要在辅导和治疗中不断探索问题背后的原因，重视人格的强度；另一方面，在解决问题的过程中，要依靠环境的力量，充分利用环境中的资源，即以环境的改变来促成人的改变。

（五）抗逆力理论

抗逆力是一种反弹的力量，是个人面对磨难和挫折而抗争的能力，是一种

“自我纠正体制”，在这种能力和体制的导引下，学生可以自己超越和克服严重麻烦的负面事件。而“抗逆力可以被定义为：面对逆境时的回弹、回复和成功的适应能力，即面对当今世界各种各样的压力，能够发展出社会的、学术的和职业的竞争力”。不过，作为学校社会工作中优势视角中的抗逆力理念，应发源于七种要素，包括幽默感、洞察力、独立性、关系、创造性、道德和首创精神，它相信所有的人都具有内在的学习、成长和改变的能力。因此，这就要求辅导者利用积极期望的驱动力量，去激发这种抗逆力，用信仰、希望和爱点燃学生的潜力和可能性之火。一旦抗逆力被激发，那么，无论学生面对怎样的危险和承受多大的困难，他们都可以从容地克服。

三、学校个案工作的实施

学校个案工作的实施包括专业关系、程序和技巧三个方面，技巧问题本书第七章会进行专门的描述与分析，这里仅介绍专业关系和实施程序两方面的内容。

（一）专业关系

当学生遇到生活中的困难前来向社会工作者寻求帮助时，双方即产生关系，而我们常常称此种助人关系即为专业关系。对于学校个案工作者来说，专业关系指的是学校社会工作者和求助学生之间建立起来的一种工作关系，它通过双方内心感受与情绪的动态交互反应而建立，其目的是协助学生解决学校生活中遇到的问题，提高其个人的能力。这样，良好的专业关系既是达成助人目的的基础，也是助人的手段和中介。具体来说，学校个案工作的专业关系包含以下几种关系：

1. 满足学生需求的关系

即工作者以促进学生的健康成长和社会适应为己任，提供服务以尽力满足每一位学生的需求。

2. 激发学生潜能的关系

即工作者提供一个安全接纳的环境，以减轻学生的焦虑情绪，帮助其将全部精力用于积极的改变之上。

3. 友伴关系

即工作者对于学生而言，不是一个权威和高高在上的教师身份，而是陪伴学生度过危机和顺理成章地成为朋友。因此，我们常称工作者为“同路人”或“协同者”。

4. 真实的关系

即工作者对待学生要真诚和充满同理心，鼓励求助者真诚地表达自己，并协助求助者澄清自己的价值观和需求，以此促使服务过程的顺利进行。

（二）实施程序

不同理论指导下的学校个案工作，其实施程序也有所不同。但是，总体来说，以下几个程序是各种个案工作的实施过程中都必须经历的。

1. 接案

这一阶段是指社会工作者初次与学生进行接触，了解学生的需要与困难，对学生面临的问题初步做出判断。而此阶段关系建立的好坏，将会直接影响到以后阶段的工作。

2. 收集资料

包括直接的学生访谈、阅读学生资料、运用问卷和心理测试以及家庭或教师的访谈等多种方法和途径，从个体和环境两个方面收集资料，并为问题的预估打下基础。

3. 预估

当资料收集达到饱和的程度时，工作者则可以根据收集到的资料对学生存在的问题进行预估，其主要包括以下四个方面的评估，即生理功能、心理功能、社会功能和环境因素的评估。

4. 制订计划

制订计划是工作者和求助学生在共同协商、目标一致和目标可行的原则指导下，制订问题的解决和能力的提升两方面的计划，并在充分讨论的基础上确定每一阶段的目标和任务。

5. 个案介入

个案介入是指在预估和订定计划之后，正式协助求助学生解决问题的实施过程，也是整个个案工作运作过程的一个最主要环节。包括支持与鼓励、信息和意见的提供、情绪的疏导、观念的澄清、行为的改变、环境的改变以及直接的干预等七项主要工作。

6. 结案评估

即当学生求助者的问题已获得了圆满的解决，或者是学生自己已经有所成长并具有能力应对和解决自己的问题时，就可以结案。在这一时期，主要的工作包括：预告结案的时间，回顾介入的经验以及处理离别情绪三项。有时，为了考察求助者的成长情况，还需要进行后期的追踪及提供跟进服务。

第二节　团体工作方法

一、学校团体工作概述

学校团体工作是传统学校社会工作的三大方法之一。在学校中因学生众多，以及学生们重视同辈友谊，学校团体工作已成为一种十分重要而有效的辅导方式。事实上，少先队、团组织、课外兴趣小组、夏令营等早已出现的形式，在某种程度上可以说是学校团体工作的雏形，而由学校社会工作者实施的学校团体工作则从专业层面为这样的团体辅导注入了新鲜而科学的血液。

（一）学校团体工作的概念

与学校个案工作一样，学校团体工作的服务对象也是学生。但与个案工作不同的是，团体工作的服务对象是一个群体，即具有相同需求或存在相同问题的学生群体。这样，学校团体工作帮助的不是一个单独的个体，而是作为团体一分子的个体，其工作也涉及整个团队的价值观、氛围以及团队成员之间的互动，并且个体也正是在这种整体的环境中得以成长。由此，我们对学校团体工作进行了这样的定义：学校团体工作是学校社会工作的基本方法之一，它通过学校社会工作者的参与、组织团体活动以及团体成员之间的互动互助，促使参与团体的学生个体获得情感上的支持、行为方式的改变、社会功能的恢复和能力建设的提升，并在此过程中达成团体的目标，促进整个班级甚至是学校的发展。

根据上述定义，可以进一步分析学校团体工作的要素，包括：从本质上看，学校团体工作是一种工作方法；从对象上看，它针对的是数量在320个之间、有着共同问题和需求的青少年学生团体；从过程上看，它是在学校社会工作者的协助下，由团体成员自己进行的互动互助的一系列活动；从作用上看，它能够促进成员之间的良好互动，通过团体经验的提供，以协助学生挖掘其自身潜能，解决其所面临的困难。

（二）学校团体的类型

学生是个性最为鲜活的一个群体，因此，针对学生的团体也有很多类型。具体地说，以下几种是较为常见的学校团体的类型。

1. 休闲团体

休闲团体面对的服务对象是全体在校学生，因此，它就成为学校团体工作中最常见的一种团体类型。从休闲团体的目的看，其主要是通过提供团体活动，让成员学习到休闲的技术，从活动中体会到休闲的乐趣，如阅读小组、摄影小组、歌舞小组、户外活动小组等。一般来说，此种小组的自发性较强，社会工作者只需在团体中培养适当的团体领导，就可以带领团体成员及时有效地组织团体活动及完成团体目标。有时，这类团体也具有社会化的作用，如新转入某班的学生可以通过参加学校的球类团体，即在休闲活动中迅速融入新的集体。

2. 教育性团体

从某种程度上来说，学校里的班级团体其实也就是一种教育性团体，它的主要作用是提供各种领域内学习知识的机会。即具有相同受教育需求的团体成员，可以经由相互激励而引发更多的互动，从而可以促进知识更快更好地掌握。比如，诗词兴趣小组、烹饪技术学习小组等。而在这类团体中，社会工作者的任务是提供安全和资源丰富的环境，引领成员做有目的的讨论和开发可利用的资源等。

3. 支持性团体

支持性团体有时也被称为自助性团体，一般是由有着相同经历的成员志愿参加并且通过互帮互助、提供情感支持而组成的团体。在此种团体中，组员也常常带有特定的目标，如本节开始案例中提到的“我们是一家”则是这个类型的团体，而类似的还可以是“应对考试焦虑”团体、“单亲儿童”团体等。同时，支持性团体的基本宗旨是，通过成员之间的互助来宣泄学生的负面情绪并完成团体目标，并认为，仅在成员遭遇依靠自身力量难以解决的问题之时，才需要社会作者的介入。

4. 治疗性团体

治疗性团体带有心理治疗的性质，有时也被称为心理治疗团体，这种团体主要是针对学生的情绪、行为、人际关系以及心灵成长等方面的问题进行治疗。与以上三种类型的团体相比较，治疗性团体中社会工作者的工作较多且十分重要，而工作者常常需要运用该团体互助的过程，来客观观察参与团体的学生对情景的直觉与感受的表达，以便澄清团队成员的需求与所困扰的问题，然后经由团体干预来进行适当处理。可见，此种团体可以增进成员的自尊和自我认知，提升成员解决问题的能力。

二、学校团体工作价值基础与实践原则

作为一种独立的学校社会工作方法，学校团体工作有着其独特的价值基础和实践原则。比如，因团体工作面向的服务对象是一个群体，较之于学校个案工作来说，除了要关注群体中每个个体的表现，还要关注整个群体的气氛和发展。因此，学校团体工作的价值基础和实践原则就显得尤为重要，以下分别叙述之。

（一）学校团体工作的价值基础

学校团体工作的价值观来源于四个方面，包括社会、机构、专业、个人。以下从这四个方面分别予以介绍。

1. 社会的价值观

团体社会工作来源于西方，价值基础也是以西方社会的价值体系为主。但是东西方的文化有着很大的不同，在对青少年的教育方式上也有着相当大的不同。从总体上看，东方文化讲究“教养”，即从外部规定来教导学生应该做什么，如何做；而西方文化讲究“自主”，即最大限度地尊重学生的自我成长历程。而作为学校团体工作，应该以中华传统文化为依托，同时有选择地注入西方文化的精髓，以此为学生提供更好的成长环境。

2. 机构的价值观

每个社会工作机构都有着自己的价值观，包括使命、目标、策略、程序与相关事件等，而派驻学校的社会工作机构也不例外。比如，机构是否重视参与民主、是否尊重成员的意见等，都是机构传统的价值观。相应地，派驻学校的学校社会工作者在带领团队时，其价值观也会受到机构价值观的影响。

3. 专业的价值观

学校团体工作的专业价值观秉承了社会工作的主体价值观，包括：重视个人的价值与尊严；重视个人的自主和自我导向；鼓励在助人过程中的学生参与；采取不批判的原则；保证人人有同等的机会接触服务及社会支持；肯定个人与社会的相互依存等。

4. 个人的价值观

个人的价值观包括学校社会工作者和学生双方的价值取向。而处于自我同一性发展和混乱矛盾中的青少年，正是价值观形成的时候，但不同的生活经历会带给学生以不同的个人价值观的影响。因此，学校社会工作者要重视个人价值观的作用，因势利导，引领学生健康成长。

（二）学校团体工作的实践原则

从学校团体工作的价值基础上，我们可以引申出学校团体工作的实践原则。而这些原则并非规章制度，但为工作者的实践提供了应当遵循的指引。不仅因此，有了这些原则，学校团体工作就能够更好地发挥其应有作用。具体地说，学校团体工作的实践原则有以下10点：

（1）认可每个人是独特的并认同小组是多样的；

（2）真诚地接受每一个具有独特强处和弱处的人；

（3）鼓励每一个成员按照他们所具有的能力去参与，以便自己更能胜任；

（4）在解决问题的过程中使小组成员能够参与；

（5）建立良好的关系；

（6）为小组成员提供新的、不同的成就和人际交往经验的机会；

（7）在诊断个人及整个环境的时候，明智地运用限制；

（8）根据对成员个人的评估、小组目标及有关社会目标，有目的地、有区别地运用程序；

（9）对个人和小组不断进行评估；

（10）小组工作者要热诚，以人为本和有规范地运用自我。

三、团体的发展阶段和学校团体工作的基本过程

团体是有自己的生命周期的，要做好学校团体工作，工作者要首先了解团体的发展阶段。而只有认清了团体所处的发展阶段，根据每个发展阶段的特点和需求因势利导，才能使团体辅导发挥出最大的作用。

（一）团体的发展阶段

团体是一个动态的过程，拥有不同年龄段成员的团体，其发展阶段也略有不

同。葛兰·琼斯和科洛尼（Garland, Jones & Kolodny）基于青春期团体的经验研究，以成员心理上联结的紧密程度划分出了团体的发展阶段。按照这种模式，一般学校团体的发展会经历以下五个阶段。

1. 亲密前期

亲密前期指的是团队成员建立亲密关系的前奏时期，主要表现在两个方面。一方面，团体成员对团体充满着复杂矛盾的感情，既想接近又想远离，对于是否参加团体活动、投入多少时间和精力等迟疑不决；另一方面，团队成员之间的关系也处于游离状态，没有相互依恋的情感产生。在这个阶段中，学校社会工作者的主要任务是树立团体规范，运用辅助手段来增进团体成员的熟悉程度。

2. 权力控制期

当团队成员熟悉了团队规则，开始发现团队有能够满足其需求的能力时，他会积极参与团队的活动。同时，为了更多需求的满足及为了在团队中树立威信，组员开始在团队中争夺资源和权力。在此阶段，学校社会工作者的主要任务是培养团队领导，解决团队内的冲突。

3. 凝聚期

当权力争夺战结束之后、团队开始趋于稳定时，团队中的每一位成员都能够积极投入团队生活，并与其他成员建立稳定的、亲密的关系，也对团体开始产生了强烈的归属感。同时，在这一时期，团队成员开始能够自行设计与组织团体活动，并逐渐体会到团体生活的意义。因此，在此阶段，学校社会工作者在团队中所起的作用开始淡化，并将主要的权力交给了组员。

4. 差异期

随着认识的深入和配合的愈加默契，团队开始接纳每一位成员的特点。这样，团队凝聚力达到顶峰，成员间沟通良好，权力分配较为稳定，成员能根据自身特点安排自己在团队中的角色，团队开始稳定而有效地发挥自身功能，并向团队目标迈进。因此，在这一阶段中，学校社会工作者要随时关注团队的走向，并通过团体讨论等方式来防止团队偏离原定的目标。

5. 分离期

经过了前面四个阶段，团队目标已经接近完成，团队面临解散，团队成员开始为向团队以外的生活过渡而做准备。而在团队终结的过程中，较强的情绪波动会出现在团队成员之中，特别是对于感情丰富而敏感的学生而言，很多团队成员会开始依恋团队并拒绝离开，并以退行性行为来阻止团队的解散。因此，在这一时期，学校社会工作者的作用会愈加明显。如工作者需要积极引导，帮助成员宣泄负面情绪，肯定团队的成就与经验，并带领成员展望未来。

（二）学校团体工作的基本过程

学校团体工作的基本过程也可以划分为五个阶段，即计划阶段、开始阶段、中期阶段、结束阶段、评估阶段，但这五个阶段和团体发展的五个阶段并非一一对应。其中，开始阶段对应的是团体过程中的亲密前期，中期阶段对应的是权力控制期、凝聚期和差异期，结束阶段对应的是分离期，而计划阶段和评估阶段则是社会工作者对于整个团体的筹备和总结时期，以下予以简略介绍。

1. 计划阶段

计划是成功的一半，好的计划对于后续的团体活动而言同样重要。而在计划阶段，学校社会工作者需要完成以下几方面的工作：①确立团体目标与目的；②评估团体获得支持的程度及团体成员的能力；③招募团体成员；④组建团体；⑤协助成员了解团体；⑥订立契约；⑦准备相关资源（包括物质、资金、环境等）。

2. 开始阶段

在计划阶段完成之后，团体已组建完毕，正式的团体活动就要开始了。此时，学校社会工作者应向团队成员明确团队的目标和规则，帮助成员建立相互关系，并物色团队领导。具体来说，有以下几方面的任务：①介绍团队成员互相认识并帮助他们建立信任和亲密关系；②阐明团体的目的与功能；③引导工作任务与社会情绪两方面均衡发展；④建立融洽的气氛，收集成员对团体目的的反馈。

3. 中期阶段

当开始阶段完成后，团队已初具规模，动力机制逐渐走向成熟，其基本的人际关系已经建立，团体的凝聚力开始增强，并形成了自己的团队风格，此时团队则进入了中期阶段。一般来说，中期阶段的活动主要包括：①准备团体聚会，根据团体及其成员的需求适当调整团队的目标；②按照团体的性质和目标来完善团体结构和活动安排，建立团体成员之间的沟通和互动模式并确定介入方式；③增强团体成员的归属感，帮助团体成员实现目标；④调控与检查团体工作的进度。

4. 结束阶段

正如个案工作不能永久地持续下去一样，团体工作也有着严格的时间限制。而当整个团体达成了预定的目标、团体成员基本实现了各自需求之时，团体则需要进入结束阶段。同时，为了避免团体成员在结束阶段出现的退行性行为、巩固团体辅导的成果，社会工作者需要完成以下几方面的任务：①维持改变了的行为与应用学习的技能；②调整团体成员的心理状态；③协助团体成员为将来的生活做出计划；④对于尚未完成个人目标的团体成员，需要进行转介；⑤同团体成员一起讨论并探讨此次团体活动的成效及得失。

5. 评估阶段

评估阶段是学校社会工作者对整个工作过程和工作效果的评价。评估分为主观评估和客观评估两个部分。其中，主观评估主要由三部分组成，即团队成员的评估；团队成员的监护人或子女的评估；工作人员自己的评估。而客观评估则是借助各种测量方法和手段，来比较团队开始前和结束后成员自身所发生的变化。

第三节　社区工作方法

一、学校社区工作概述

就人们所熟知的学校社会工作而言，其工作方法主要集中在学校内部微观层面的个案辅导和团体辅导，而宏观社会工作的社区工作方法则常常为人们所忽视。但事实上，社区是除学校和家庭之外学生学习和生活的三大主要环境之一，并对学生的健康成长有着不可忽视的作用。特别是随着我国城市建设的发展，很多大型社区都有着自己的社区学校。从这个角度看，社区文化对于学生的影响程度则更加深远。

（一）学校和社区的关系

许多人认为学校和社区是两个完全不搭界的势力范围，怎么能联系起来开展学校社区工作呢？其实，学校和社区有着极为密切的联系，对于学生的健康成长而言，二者互为依赖，息息相关。一方面，学生除上课以外的时间都是在社区和家庭中度过的，而家庭又是社区的一分子，可以说，社区环境深刻地影响着学生的休闲生活；另一方面，学生是社区的一分子，其行为既影响社区中其他的人，同时也深受其他人影响。因此，学校对学生的教育课程将会改变社区的职业结构，而学校的文化氛围也会影响到社区的文化氛围。具体地说，二者的关系主要表现在以下几个方面。

1. 学校是社区变迁的媒介

为什么地产商在打广告时都会强调社区建在某某知名小学、某某知名中学、又某某知名大学中间呢？为什么人们在选择住房时都更倾向于选择著名院校周边呢？这在无形中透露出一个信息，这就是学校可以通过教育功能的落实，为社区提供完善和变迁的动力与基础，引导和促进社区向着更好的方向改变。当然，从另一方面来说，放纵、堕落的学校文化也会直接导致社区内部出现混乱。

2. 社区环境影响学生的行为

从生态角度看，社区是学生长期接触并深处其间的中观环境，其社区文化、社区环境和社区治安等，都对学生的价值观、行为举止和生活态度等产生强大的潜移默化的影响。举个简单的例子来说，一个处于书店、义工机构和课余兴趣俱乐部林立的社区中的学生，其问题行为出现的概率总是要低于处于一个充斥着网吧、台球室和麻将馆的社区中的学生。因此，社区环境对学生的行为会产生深远的影响，而学生问题也是无法独立于社区因素之外的。

3. 学校与社区互为资源

资源包括人力资源、物力资源、财力资源、社会资源、人文资源以及人脉资源等，而学校与社区分别拥有着不同的资源优势，可以相互补充。比如，学校需要的义工、志愿者、实习基地、经费赞助、社会人脉网络等资源的获取，都需要通过社区去挖掘和整合；而社区需要的教育资源、课余活动以及学校的教学设施、树林绿地等，同样也是社区所需要的资源。可见，社区与学校互为资源，可以提高资源的有效利用，并为学校和社区的相互发展提供有效的助力。

（二）学校社区工作的概念

学校社区工作，顾名思义就是把学校和社区连接起来，跨越了学校的地理位置的限制，一方面将对学生的辅导工作扩展到社区中进行；另一方面也将社区资源引入学校，以此形成教育合力，并在提高学校和社区发展之时来促进学生的成长。因此，学校社区工作虽然是社区工作在学校领域内的分支，但它与广义上的社区工作还是有一定程度的差别的。

概括地说，一般意义上的社区工作是以社区居民和整个社区为服务对象，通过组织区内居民参与集体行动，去界定社区需要，合力解决社区问题，改善生活环境与生活素质，以推动社区的经济、社会关系及民主政治的发展。而学校社区工作则有着两方面的意义。一是从社区层面而言，学校社会工作者可以为社区提供学校方面的资源，为社区提供各种培训和志愿者，以此促进社区工作的发展；二是从学校层面而言，学校社会工作者则需要利用社区内部的各种资源来净化学生的成长环境，以此促成学生能力和潜能的发挥。

简言之，学校社区工作就是运用学校社会工作的理念、原则和方法，结合社区工作的实践，在社区范围内开展工作，达到既能协助社区建设、改善教育环境，又能强化学校和社区居民之间的沟通和联系，进而达到促进学生社会责任感的目的。此外，有些学者还提出，应将社区资源（职业咨询师、社会工作者、心理辅导师、各类社区团体）引入学校，在学校中建立社区也属于学校社区工作的一部分。

二、学校社区工作者的角色与任务

学校社区工作者的角色是由其在学校和社区连接中的作用所决定的。这样，工作者应秉承学校与社区相互促进的理念，一方面要利用社区资源为学生和学校提供服务；另一方面也要利用学校资源来净化社区环境，以此促进社区变迁。具体地说，学校社区工作者将主要扮演以下四种角色。

（一）关系的疏通者

学校与社区分属两个不同的单位，要做好学校社区工作，首先应处理好学校与社区的关系。这样，学校社会工作者的第一个角色就是关系的疏通者。而学校社会工作者在进入社区开始，就要立即展开对社区机构、社区管理与服务人士的拜访与沟通，并将这种交流持续在整个工作过程之中。具体地说，学校社会工作者拜访的对象包括社区居委会，以及与学校有潜在合作意向的机构、社区社会工作机构、社区福利机构及社区意见领袖等。同时，学校社会工作者的主要工作包括了以下内容：一是了解社区文化、需求和可以发掘的资源，并与社区人士探讨其对学校的看法、态度与期待；二是向社区人士介绍学校的基本情况，帮助他们了解学校社会工作的服务方案，获取社区方面对学校的信任和期待；三是在双方充分了解及信任的基础上，建立关于学校社区工作的共识，促进社区资源和学校资源的整合，开创资源共享和合作的机会，以促成各种服务方案的实施。而在这个工作过程中，学校社会工作者可以促使社区人士了解学校政策并支持学校工作，以建立教育方案来协助有困难的学生，并协助改善妨碍学生学习和发挥社会功能的情况。

（二）资源的整合者

根据学校与社区互为资源的理念，学校社会工作者通常会从促进机构合作的角度，来思考学生、学校、社区和机构的需求，整合可以利用和挖掘的资源，以此成为资源的整合者。而这一角色又可以分为两种次角色，即资源的使用者和资源的提供者，以下简述之。①资源使用者。作为资源的使用者，学校社会工作者的主要任务是根据学校需求，引进社区资源。比如，对于受社区系统因素影响而出现问题的学生，以及需要社区人士进行照顾和辅导的学生，学校社会工作者在“学校有需求，社区有资源”的情境中，将为学校选择社区资源，向社区说明学校的需求，并以“合作模式制度化”为最终目标。②资源的提供者。作为资源的提供者，学校社会工作者应本着“回馈社区”的宗旨，以社区为服务对象，通过参与正式社区会议、非正式社区居民集会及调查研究等方式，来发掘社区需要，评估资源网络，最后借助政府的项目规划、学术会议、刊物发表，达到凸显切身议题，凝聚社区共识，整合社会资源，以此探讨应对策略并实施相关服务。概括地说，这里的“相关服务”，既包括社区教育和发展的总体规划方面，也包括向社区提供学生志愿者。

（三）变革的推动者

教育是促进行为、知识和价值观改变的有效工具，也是社会文化形成的原动力。而学校作为教育的实施和知识的传播机构，应当成为推动社区变革的中坚力量。相应地，学校社会工作者就成为变革的推动者。具体来说，要扮演此种角色，学校社会工作者需要通过调查研究，探索社区的资源和需求，并从活动的策划和组织方面来推动社区教育，这包括两方面的工作：①开放校园内的设施、人力、师资、活动和课程等，鼓励社区民众参与；②鼓励和动员学校内部力量（如教职员工、学生等）直接走进社区，策划和组织各种活动或讨论，进行主题式的推广和宣传活动。通过这些工作，学校社会工作者可以推进社区进行文化的传承和创新活动，以此促进社区文化朝向更加完善的方向持续发展。

（四）变迁的使能者

从本质上看，社区工作的精髓不在于工作者如何为社区提供具体的服务，而是培养社区内部自己的力量。因为社会工作讲究助人自助，认为只有当学生有能力自己推进自己的改变，社会工作者的任务才能真正地完成。而学校社区工作也不例外，其工作重点同样在于推动社区内群体的参与、建立居民组织、培养社区领袖和发掘人力资源。基于此，学校社会工作者作为变迁的使能者，需要完成以下四个方面的工作：①动员民众。即以社区居民共同关注的问题或兴趣为切入点，从单一性的社区事务开始，鼓励社区居民逐步加入连续而长久的社区服务计划中。②培养领袖。即在动员民众的过程中，社会工作者要注意发掘拥有领袖特质的人才，重点给予教育和训练，增强其独立领导的能力。③形成组织。即领袖出现后，由领袖和民众在一起组成的群体则有了组织的雏形，这意味着社区力量将由个体转变为主体，工作角色也由被动转为主动。④促成变迁。如果社区组织持续发展，并经由初创和调整时期进入稳定期之后，组织的宗旨则开始由提升服务质量变为争取权益和提倡变迁了。此时，学校社会工作者的任务才算基本完成。

三、学校社区工作的活动安排

学校社会工作者会根据学生、学校和社区的不同需求而选择不同的活动安排，但就其形式来说，主要有两种，即社区学校和学校中的社区。在这里，所谓的“社区学校”，指在社区中建立学校的延伸机构，结合最佳品质的教育工作与广泛的身心健康服务和社会服务，以确保学生在身体、情绪和社会方面更好地适应学习。而“学校里的社区”，指将社区中的商业与民间机构及工作者（如福利及健康机构、职业咨询师、社会工作者、休闲指导员、社区团体的成员等）组织在一起，并将他们设置在学校里，为学生提供服务和帮助，以此帮助学生获得一个成人的个别照顾关系、一个安全学习和成长的环境、一个毕业后适合市场需求的技术和一个回馈同伴和社区的机会。而在上述两种情况之下，有很多可以选择的活动，以下就是比较常见的活动类型的举例说明。

（一）同伴辅导计划

同伴辅导计划是通过社区内高年级的同学对新进入学校的同学提供服务，以帮助新同学能够适应新学习环境和对学校产生归属感。这一方面可以使新同学能够在学习和课外活动中得到指导和支持，获得意见和指导的途径；另一方面也能够帮助高年级的同学培养自身的领袖气质，并在关怀和照顾低年级同学的过程中提升自身的能力建设及价值感。

（二）志愿者训练及服务活动

学校社会工作者在社区内开展的志愿者训练和服务活动分为两个层次。第一个层次是社区内的成年人组成志愿者团队，为社区青少年提供服务；第二个层次是组织社区内的青少年和在校学生成为志愿者团队，由此为社区内有需要的人士提供志愿服务。而上述两个层次都需要学校社会工作者提供相关专业技能的训练，以达致学校和社区相互促进、相互进步的目的。

（三）青少年成长支持网络计划

青少年成长支持网络计划指通过协助青少年了解自己的处境及问题的成因，来界定和评估青少年周围的相关人物和事件，从而建立支持网络去解决青少年的个人问题，扩展其社交圈，增强其解决问题的能力，以此帮助其学习更多的适应技巧。在此过程中，学校社会工作者除了教导相关人物如何协助青少年，还要教导青少年如何接受别人的支援和协助。

（四）邻里关怀“行为偏差青少年”计划

邻里关怀“行为偏差青少年”计划，指将对行为偏差青少年的辅导和帮助延伸到社区，以协助边缘青少年与社区内的人士建立友善的相处关系，同时在邻里之间推动互助的意识和行为。而要推展此项计划，工作者首先需要调查和分析社区内的邻里支持网络，然后从愿意助人的程度、接触面及个人资源等方面，挖掘出社区内的核心人物，再通过核心人物的帮助来建立整个关怀网络，由此协助偏差青少年的成长。

（五）青少年权益保护宣传和咨询活动

学校社会工作者通过青少年权益保护的宣传和咨询活动，来帮助家长及社区内的有关人士警觉和认识到社区内青少年权益保护的情况；同时组成关注小组，解决社区内的学生在权益保护上遇到的困难，以达到政策上的改变和权益受损状况的改善。

第四节　其他工作方法

除了传统的学校个案工作、学校团体工作和学校社区工作三大方法之外，根据学生的具体情况，学校社会工作者还可以灵活选取其他的工作方法来帮助学生。因篇幅限制，本节将主要介绍个案管理、外展工作和学校管理三种其他的工作方法。

一、个案管理

社会发展日趋多元化，社会工作服务对象的问题也开始变得复杂和多样。面对这种状况，单一化的助人方法在实际工作中难以有效地实现服务目标，并无法更好地解决问题。比如，在学校社会工作中，留守儿童、流浪儿童、艾滋病儿童、身心障碍儿童、失去双亲或双亲分离儿童等不同儿童，开始大量出现。而这些对于儿童而言，意味着他们和他们的家庭正在经受着严峻的挑战，包括面临着经济危机、健康危机、居住危机、情感危机等诸多方面的问题和困难。然而，对于如此庞大和复杂的需求，仅有一个系统的服务模型是不能很好地解决问题的。因此，在此种情况下，个案管理则成为一种有效的应对策略。

而学校个案管理是个案管理在学校领域中的应用，实施个案管理的社会工作者会在整个服务网络中，有系统地连接不同的组织、结构和专业人员，设定协调和监督的责任，以此帮助学生、学校和家庭等服务对象用适当的方式获得并且利用不同的服务，来满足其需要及解决其问题。不过，个案管理不同于个案工作。这是因为，个案工作的服务对象是学生个体，工作的宗旨和内容都是围绕这个学生来进行；而个案管理的服务对象则是围绕在这个问题系统中的每一个个体、群体和各种机构，其工作的宗旨和内容是整合系统中的各种资源，以实现资源的合理配置和系统的良性运转，从而从整体上改善整个系统的运行状况。因此，个案管理的主要任务是学生的确认和外展，个人和家庭的判定和诊断，服务计划和资源的确认，连接学生到有需要的服务中，执行和协调服务的进程以及监督服务的输送等。相应地，个案管理的基本过程有建立关系；评定资源；分析与诊断；制订计划；获取各种资源，协调服务机构，进行个案的介入或处理；结案与评估。

此外，学校个案管理也有其自身的特点，概括地说，主要有以下三点：①学校个案管理的目的在于对有特殊需要或需要长期照顾的人群提供个别的和持续的照顾。这样，学校个案管理的学生比普通学生更具有特殊性、个别性和复杂性，其需要的服务周期更长、服务方法更为多样，风险也更大。同时，因学校个案管理服务并非只限于学生学习能力的提升，还涉及学生和家长、社区等不同层面的需求，其服务也必须是持续和动态的，一直到学生可以自行利用资源、个人及其家庭的功能得到恢复和提高之后，个案管理才能够告一段落。②学校个案管理工作者所承担的职责是在协调和连接服务输送系统中的各个部分。换言之，个案管理强调的是系统、整合与协调。这样，工作者所扮演的角色集合了社会工作者、行政工作者、倡导者、心理辅导师、医疗师等各种角色，并在力所不及的情况下，要及时同相应部门的专家联系，以实现服务的无障碍输送，从而更好地为学生提供综合性服务。③学校个案管理的目标是确保一个全盘性的方案能够符合个人的需求并增强个人的自主性，以促使学生能够适应学校及未来的生活。这样，本着助人自助的原则，学校个案管理不仅要解决学生此时此地的问题，更重要的是通过问题解决的过程，帮助学生获得潜能的发掘和能力建设的提升，从而实现自我成长和完善，改善其生活境遇，提高其生活质量。

二、外展社会工作

一般来说，学校社会工作者可以在学校内接触到需要服务的对象，同时，学校社区工作者也可以在学校所属社区范围内接触到服务对象并对他们提供帮助。但是，并非所有的学生都是在学校及其所属社区的两个区域范围之内。比如，某些逃学、辍学或中途退学的学生，学校社会工作者就很难在学校及其所属社区的环境中同他们建立联系和提供服务，这时，就需要外展社会工作的方法了。

在这里，外展社会工作的服务对象同样是学校、学生及学生家长。一般来说，外展社会工作指社会工作者主动到青少年经常流连和聚集的地方，如公园、台球室、网吧等地去接触和认识青少年，识别出那些与社会系统脱节、易受不良影响的青少年，了解他们的需求，同他们保持紧密联系；同时，通过提供辅导服务，促使他们认识到自身的问题并改变其偏差行为和认知，帮助他们更好地运用精力和时间来预防不良影响，以促进其身心健康的发展。

不过，与其他学校社会工作方法不同的是，外展社会工作是社会工作者主动出击去寻找学生的一个过程。因此，外展社会工作对工作者的素质要求也与其他的工作方法不同，其主要表现为：一方面，外展社会工作者不仅是一个“贪玩”的人，更是懂得如何制造玩的高手。究其原因在于，外展社会工作的服务对象是游离在学校、社区和家庭之外的青少年，外展社会工作者只有“会玩”，才能知道服务对象会在什么场所出现，才能与服务对象更快更好地建立关系及更好地设计服务，以促使这些游离而又极具叛逆精神的青少年容易接纳社工提供的服务。另一方面，外展社会工作也是特殊的人际交往专家，他们掌握着各种相关的技巧，也乐于真诚地为服务对象服务。正如上面所说，外展社会工作的服务对象大都有着异于常人的生活经历，处于某种不良的次文化影响之下，并对人际关系抱有强烈的不信任态度。这样，工作者只有掌握了与这类青少年交往的技巧，并持有真诚的态度与这些青少年交往，才能获取他们的信任，从而帮助他们建立良好的人际关系圈，脱离不良势力的影响。

从工作的介入模式来看，外展社会工作主要有两种服务模式，即满足整体青少年全面需要的综合性服务模式，以青少年为本的服务模式，以下简述之。①满足青少年全面发展的综合性服务模式。既然是外展社会工作，它关注的就不单单是青少年的偏差行为本身，而是将其偏差行为扩展到整个生活系统中去考察。事实上，每一个青少年都有着各自不同的需求，只有当这种需求在学校、家庭和社区中得不到满足时，他们才会向正常的生活圈子之外寻求满足的途径。这样，外展社会工作关注的就是这些青少年学生背后未满足的需求，探讨需求得不到满足的原因，关注原因背后的家庭、社会因素。如此，才能够为青少年提供更好的服务，并提升他们应对问题的能力。②以青少年为本的服务模式。所谓“以青少年为本”，指关注青少年独特的需求，正视他们的人格尊严、个人潜能、独具的特点和优点，并根据这些不同或差异，充分体验青少年内心的各种感受；同时，也不因为他们被贴上所谓“问题学生”“坏小孩”的标签而歧视他们，而是真诚地走进他们的内心，帮助他们争取社会资源的援助，从而协助他们适应社会生活并能够健康地成长。

三、学校管理

随着各种校园暴力事件、自杀事件、欺凌事件以及冲突事件越来越频繁地出现，学校管理者对此也投入了越来越多的关注。而这种趋势也显示出一个危险的信号：现今的孩子正处于更多的危险包围之中。如果不能善加处理，他们最终将成为青少年犯罪、暴力、自伤及其他更多的负面结果的牺牲品。因此，学校社会工作者参与学校管理势在必行，并且他们需要通过学校组织管理层面和教学实务层面的干预，来解决校园安全问题，以此建构积极的学校风气、同伴文化及教室环境，以下简述之。

（一）学校组织层面的干预

学校社会工作者对学校组织层面的干预包含以下几方面的内容。

1. 早期筛检

学校社会工作者可以通过标准化的测试和学生档案的分析，来检视学生的行为和心理问题，分辨出哪些学生会在日后的学校教育中出现严重的行为心理问题，并针对具体问题对这些处于危机之中的学生提供早期的干预服务或更深入的辅导，以此减少风险发生的概率。

2. 暴力防范

工作者应身体力行地向学生灌输公平公正的概念，增强学生的归属感，并致力于营造一个学生和教职员工互相尊重的氛围；同时，应建立青少年和同伴、家庭、学校和社会的连接，提升其社会融入度，进而增强其个人价值的体验。

3. 校风校纪

建立积极的、包容的校风校纪，并提倡学校内各种群体，包括教师、学生、学校管理层以及其他职员都遵守校风校纪，以此增强校内各群体的沟通和交流。

4. 解决冲突

开设情绪管理方面的课程，依靠教学和讨论来改变青少年的认知、态度，并培养其与暴力或冲突解决相关的能力；同时，应建立同伴间冲突的调停机制，以帮助青少年学会解决冲突的技巧和替代方式。

5. 品格教育

即以社会主流价值观指导青少年在校内和校外的生活，主要包括：①公民道德和平等教育，即教导青少年在社会中的礼仪和规则；②个人矫正教育，帮助青少年改变那些不利于其成长的价值观和生活态度，培养其良好的品德。

（二）教室管理层面的干预

学校社会工作者对教室管理层面的干预包括：

1. 预防性教室管理

预防性教室管理有三个层面的含义：一是从发展教师对学生有爱心的关系开始，鼓励教师增加与学生的互动，并通过在教室设置意见箱、开展教师和学生互动的比赛和活动等方式，来增强学生和教师间的沟通；二是营造一个民主沟通的氛围，培养教师和学生间的正面关系；三是及时与家长沟通，并实现学生、家长和教师三方面的正面会谈。

2. 有效的学习策略

指社会工作者通过教授和学生有效的学习策略，以增加学生的期望行为和减少不期望行为。包括增强学生的社会认知能力和问题解决能力，发展学生的自我约束能力，实现学生的自我管理等。

3. 班级文化

指社会工作者通过鼓励学生在班级内组建自己的文化圈来形成独特的班级文化，并通过班级文化来约束班级内学生的行为，以此形成自我管理、同伴帮助等良好的沟通和共同进步的文化氛围。

第六章　学校社会工作基本技术

如果把一个人放入一个真正的学校社会工作服务中心开展工作，他可能会不知所措。因为在现阶段，一个人仅仅掌握了学校社会工作的性质、理论基础、实务模式及基本方法，还不了解学校社会工作的助人过程及基本技术。而本章就将具体介绍学校社会工作的技术程序和基本技术，以告诉一个人如何“做”学校社会工作。

第一节　学校社会工作技术程序

随着社会工作专业化的不断推进，为了整合不同理论模式的实践，学校社会工作实务朝着融汇取向发展，并且，在技术程序上学校社会工作越来越多地采用了社会工作的“通用过程模式”。

一、通用过程模式概述

（一）通用过程模式的定义

所谓“通用过程模式”是对社会工作一般过程的总结概括。而作为一个整合的工作取向，通用过程模式适用于个人、家庭、群体、组织与社区，并为社会工作者提供了基本的助人知识、技巧与程序。追溯通用过程模式的发展历史，它是在“社会工作是一个助人过程”这一概念基础上发展起来的，并随着社会工作应对问题的复杂化及理论和方法的不断丰富，社会工作者对社会工作的基本要素和基本步骤进行提炼和归纳，才逐渐形成了一套社会工作实务的通用过程和方法。

如今，通用过程模式已发展得较为完善，它可以有效地融合各类学校社会工作实务过程中的普遍因素，包括助人条件、资源、方法、技巧和过程等；同时，它也可以帮助学校社会工作者根据不同的服务对象和情境，制定一套助人目标和系统化的助人行动。从这个角度看，通用过程模式应是学校社会工作活动的基本指引和重要框架。事实上，学校社会工作实务已较多地采用了通用过程模式。

（二）通用过程模式的理论依据和框架

通用过程模式的整合工作取向受到了结构主义的影响，它包括了多元因素决定论、“问题”的“心理-社会”视角与解决方法、“环境中的人”的实务视角、系统理论、优势视角等在内的一系列理论依据。而这些理论依据均为通用过程模式提供了理论基础，也为学校社会工作的工作过程提供了一套方法、技巧及价值规范。其中，“人与环境中”的实务视角，强调人与环境的相互作用，构成了社会工作通用过程模式的重要概念与实务框架。在此基础上，才演化了社会生态系统理论、社会功能、内外影响力范式、生命周期理论等主要分析工具和具体框架。比如，社会生态系统理论将社会工作实务系统分为微观、中观、宏观三个系统，并从这三个层面入手实现个人和环境的平衡，即个人能够适应环境的要求，环境能够同时满足个人的需求。

在上述分析工具和具体框架之上，通用过程模式进一步形成了三个基本要素，也即关照社会情境中三个互相关联的方面，包括：人所面对的生命任务以及能保证其完成生命任务的资源与条件；人与资源系统之间的互动、资源系统内部的互动与系统之间的互动；个人问题与社会问题之间的关系。而这三个要素涉及社会工作过程中各种改善人与社会情境、实现工作目标的努力，以及所运用的社会资源。因此，学校社会工作者应该在学校的学生及其家庭—邻里—学校—社区组成的复杂系统中进行工作。

(三) 通用过程模式的四个基本系统

通用过程模式从系统与生态理论视角出发，概括了社会工作实务过程所涉及的四个基本系统，包括：改变媒介系统、服务对象系统、目标系统、行动系统。而这四个基本系统也构成了社会工作的服务系统，即社会工作者运用专业知识和技术，服务于各系统，以达致工作目标的实现，以下简述之。

1. 改变媒介系统

改变媒介系统既是服务对象改变的媒介，又是改变努力的主要行动者，是专业的助人者。

2. 服务对象系统

服务对象系统指社会工作的服务对象。而在学校社会工作中，服务对象系统可以是学生、教师、学校，还可能是家庭和社区等。

3. 目标系统

目标系统指为了实现服务对象的改变而需要改变的系统。通常情况下，服务对象的问题不仅来源于个人，也来源于环境。因此，环境就成为社会工作实务的目标系统，需要对其加之影响和改变，以此为实现服务对象的改变创造条件和机会或提供资源。比如，遭到同学排挤的学生前来求助时，“同学”常常具有重要的作用和影响，并成为社会工作需要介入的对象。这时“同学”就成为目标系统。

4. 行动系统

行动系统指与社会工作者一道为实现目标而努力的合作者。比如，在上一个例子中，“老师”往往会作为行动系统而出现。

简言之，通用过程模式的四个基本系统，为学校社会工作者的助人活动提供了工作的主要对象，并在助人过程中促进了工作者与各系统的有效互动，由此才能实现助人的目标。

（四）通用过程模式的主要程序

社会工作通用过程的实务模式已经发展出较为成熟且便于运用的具体实施步骤、操作程序，包括：订定阶段、评估阶段、计划与订立契约阶段、介入阶段、检讨与终结阶段等五个阶段。而这些阶段将为学校社会工作者在助人过程中制订和执行服务计划提供基本的指南。

二、学校社会工作技术程序

学校社会工作的技术程序是指学校社会工作实务的操作步骤。根据通用过程模式的划分，我们可以将学校社会工作的技术程序分为订定、评估、计划、介入、结案五个阶段。

（一）订定阶段

1. 订定阶段的含义

订定阶段是学校社会工作过程的第一个阶段，是学校社会工作者与学生接触的开始，也是工作者与学生订定某种关系的过程。而良好的开始是成功的一半，订定阶段的重要性不言而喻。具体地说，“订定”可以使社会工作者了解学生的需要和期望，激励学生（即学生）的改变，通过沟通与学生达成共同解决问题的共识，进而促使他们订定关系并参加持续的工作。可见，订定阶段的成功可以有效地促进工作者与学生的互动，并为后面的工作铺平了道路。

一般来说，订定阶段分为两个部分，即接案和订立关系。其中，接案是一个工作过程，即将某些潜在的、可能的学生，发展成为与学校社会工作者共同努力解决其问题的服务对象。而在这个过程中，工作者和潜在的服务对象应相互评估，即应评估社会工作的介入能否满足潜在的服务对象的需要，能否为潜在的学生提供解决问题的服务。只有当服务和需求相一致时，才能进入订立关系的阶段，即学生需要对其角色的期望与义务有所承诺，并表现出与之相符合的行为。

2. 学生的主要来源

一般而言，学校社会工作的学生主要有三个来源：一是主动求助的学生。这类学生带有依靠他们自己能力不能解决的问题而前来寻求帮助，他们大多已经了解了学校社会工作能够提供何种帮助，也比较明白自己期望获得何种服务。因此，这类学生的目的性比较明确，也容易与社会工作者订立关系。比如，希望获得更多朋友的学生，或是无法面对失恋痛苦的青少年，前来向社会工作者求助，就是主动求助的学生。二是他人转介的、被要求面见学校社会工作的学生。比如，经常逃课或打架的学生，经过班主任转介前来面见社会工作者。通常，这类学生不是自愿接受服务的，但往往是最需要专业服务继而帮助其适应主流社会生活的个人或群体。因此，他们常常带有抵触和排斥的情绪，较难建立关系，并需要学校社会工作者进行细致、耐心的工作和努力。三是学校社会工作者自己拓展的学生。比如，有适应障碍但不愿意主动寻求服务的学生，此类学生可能由于求助能力较差，或是羞于求助，或是曾经有过失败的求助经历等原因，不愿意主动与社会工作者接触，但自身尚不具备解决困境的能力。而对于这类学生，学校社会工作者需要仔细观察、评估，再逐渐建立关系，以引导他们接受服务。可见，不论是哪类来源的学生，学校社会工作者都要对求助者的现实性心理进行积极引导与准备，而心理准备越充分，就越有可能与求助者建立初步的专业关系。

3. 订定阶段主要完成的任务

作为整个工作过程的开始阶段，订定阶段主要应完成以下六个方面的任务。

（1）了解求助学生的求助意愿并进行适当的处理。由于服务对象的来源不同，学校社会工作者应对其需求进行详细了解并区别对待，以针对不同的求助制定不同的处理方法。比如，对于主动求助的学生，应详细了解其需求，再确定服务对象系统和目标系统。而对于非自愿接受服务的对象，则需要社会工作者耐心地加以引导，建立信任关系，才可以促使其接受服务。

（2）促使求助者进入学生的角色。对于有求助意愿的学生，学校社会工作者要鼓励学生树立其自己解决问题的信心，澄清学生的角色和任务，并订立工作的专业关系。

（3）澄清求助者的期望。因社会工作者给予的帮助不可能解决所有求助者的问题，学校社会工作者需要在订定阶段澄清所能提供服务的范围，并强调需要双方共同的努力，以此澄清求助者的期望。

（4）初步评估问题与需要。即针对学校社会工作者是否为求助者提供服务进行评估。而评估的主要内容包括：求助者的主要问题、求助的意愿、期望达到的目标，以及社会工作者与机构的目标或工作宗旨是否与学生的工作目标相一致，是否有足够的资源来提供满足需求的服务等。在这个过程中，需要工作者和求助者共同努力，相互沟通，以此提高评估的准确度。

（5）开始专业关系。学校社会工作者与学生一接触，专业关系的建立就开始了。因此，学校社会工作者的态度尤其重要。一般来说，在开始建立专业关系之时，需要寻求五个共同的因素，它们是：工作者力求与学生准确沟通彼此的想法与感受；工作者与学生彻底沟通有关他们之间的资料；工作者力求与学生的沟通充满亲切与关怀；工作者应使自己与学生的角色互补，以促进双方为实现互动的目标做出贡献；工作者要与学生建立信任关系，以使自己与学生都看重各种责任。

（6）决定如何开展工作。在开始接触与初步评估之后，工作者便要决定工作的进程，一般来说有三种可能：一是终结服务；二是转介，即当社会工作者判定学生的问题不属于自身的服务范围时，通常要将学生转介给其他社工或机构；三是进入下一个助人阶段，即当双方达成一致意见并订立关系后，就可以进入下一个“预估”阶段。

（二）评估阶段

当接案成功并订立关系之后，学校社会工作就进入了第二个阶段，即评估阶段。这里所谓的“评估”，即指收集与学生问题有关的详细资料，从中了解问题形成的过程，依据学生的情境认定问题的性质，并形成评估报告。可见，评估阶段的关键就是收集资料和认定问题。不过，需要指出的是，在这个工作过程中，学校社会工作者需要对教育组织、政治环境、文化背景以及学生和家长需求的多样性等，进行广泛的了解；同时，作为教育的合作者，社会工作者也需要对学生、家长、家庭、学校、社区的需要和资源进行详细的评估。

1. 评估的目的和原则

学校社会工作的评估，实质上就是对学生个人和环境问题进行识别和认定，一般而言，评估具有以下一些共同目的。

（1）识别学生问题的客观因素。学校社会工作者在评估阶段的第一步就是尽可能详细地收集学生问题及其相关的客观因素。包括学生的背景资料、围绕学生运行的重要系统、问题存在了多久、学生处理问题的方法等。其中，评估学生的问题是工作者关注的焦点。

（2）识别学生问题的主观因素。主观因素是指学生对问题和处境的实际感受和主观认知。包括学生认为他的问题是什么，学生如何定义他的处境，等等。不过，主观因素因人而异，差异很大。因此，学校社会工作者在识别学生问题的主观因素时要以个别化为原则，尊重学生的感受。

（3）识别学生问题产生和影响的因素。学校社会工作者应根据学生问题的主客观因素，进一步挖掘造成并延续其问题的深层次原因。比如，学生及其周边环境交流互动的状况决定了学生问题的产生，而为了达到学校社会工作的目标，学校社会工作者的重要任务就是要努力找出学生的需要及其与周边环境不相适应的情况下所面临的困难，并且在与学生工作的过程中去认识和澄清这些困难。无疑，这会要求社会工作者检验学校和社区的结构，以此寻找学生问题产生及影响的因素。

（4）识别学生与其环境中的优势。优势视角认为，学生与其环境在任何情境下都具有积极的一面，即优势。相应地，工作者在关注学生的问题之时，不能忽视可以促使学生改变的优势或力量，即需要积极识别学生与其环境中的重要系统资源、长处、动机及能力等。

（5）决定合适的服务类型。根据评估的初步结果，社会工作者应该提出适切的建议，并选出用什么方法来处理学生的问题更合适。

此外，在明确了评估目的的基础上，评估过程还需要遵守学校社会工作的一些价值原则。主要包括：个别化的原则，判断过程中注重双方的参与，警惕工作者的价值偏见，避免将问题做简单归因，评估的重点要兼顾学生的弱点与长处，评估渗透了专业判断，等等。

2. 工作步骤

学校社会工作的评估是一个不断向前推进的过程，主要包括：识别学生的问题，了解问题的成因，发现解决问题的入手点等四个工作步骤，以下简述之。

（1）第一步：收集资料

收集资料是学校社会工作评估的前提。根据“人在环境中”的实务框架，学校社会工作要收集以下几个方面的资料：一是学生的个人资料。主要是描述学生认知、情感、行为和身体特征的资料。具体地说，包括学生的基本资料，生理状况和疾病史，学生的智力水平、兴趣、人格特征、自我概念、自我防卫机制等心理特征，以及价值观和应对问题的能力等资料。二是学生的环境资料。这里的

“环境”，指学生生活的外部条件和影响的集合，主要是指学生生活中的重要社会系统和资源系统。包括：他们的家庭、邻里、学校、社区组成的复杂系统，以及社会政策环境中提供给学生的各种可以利用的资源和服务等，而这些资源将成为工作者制订介入计划的重要依据。三是关于学生与环境交互作用的资料。即学校社会工作关注学生与其周边环境的互动，强调环境塑造学生的社会生态系统，如团体、学校、家庭，以及建构和塑造各个阶段青少年的周边环境中较大的机构力量。换言之，学校社会工作特别强调获得学生个人、重要他人以及对其具有重要影响的环境因素。其中，家庭、学校组织和社区背景，都是学校社会工作寻找这些因素的重要载体，而它们都有可能成为介入的切入点，并影响和改变着学生与环境的互动。

(2) 第二步：分析与解释资料

通过上一步收集到的资料通常是零散的，为了让它们能够展示学生结构化的问题和生活情境，就需要对其进行分析和解释。Loewenberg 曾提供给我们一套包括四个过程在内的分析方法，包括：其一，排列次序。指按照优先、重要性对已收集的资料的不同组成部分，予以排序的过程，以筛选出比较重要的资料，并舍弃不相关的部分。其二，发现。指通过识别资料之间的关系或形态，将问题的解释加以组合，以达致对问题的了解更加完整的状态。其三，探索。指将资料放入其产生的处境中去了解，即结合处境来理解特定的事件或行为。其四，识别。指辨别形成、持续问题的因素以及可能促成学生改变的因素，以此帮助工作者看清问题的本质原因。可见，分析资料的过程也是解释资料的过程，其共同的目的是赋予资料的意义；同时，在解释资料的过程中，学校社会工作者需要与学生一起努力，不断澄清彼此的看法，以促使工作者能够更准确地理解资料的意义，真正理解学生的处境。

(3) 第三步：认定问题

给予收集的资料正确的分析和解释之后，学生的问题和需求则会显现出来，而对其进行总结的过程就是认定问题的过程。一般来说，学校社会工作应对的问题，主要来源于学生与其环境互动的功能性障碍和不协调。具体地说，认定这个问题需要明确以下三个方面的工作：其一，学生的核心问题是什么。学生的处境通常是陷入相互交织在一起的众多问题之中，而与学生一起理清问题的主要脉络就是，找出最主要、最核心的问题，这也是学校社会工作者首先要完成的任务。其二，问题产生的原因是什么。即学校社会工作者应针对导致或加强学生问题的处境因素，进行相应的介入。其三，面对问题。即要评估学生对其问题是否做过努力，做过怎样的努力。这是评估学生是否有动机、有能力解决自身问题的主要标准，也是确定工作者从哪个方面开始介入的主要依据。

（4）第四步：准备评估报告

将上述的成果结构化地组织出来，则可以形成书面的评估报告，以提供向相关专家（如督导、同行、其他领域专家等）进行咨询和探讨。一般来说，评估报告包括背景资料与事实、专业判断两个部分。其中，第一部分包括呈现的问题、学生的背景资料等；第二部分主要是工作者对学生问题的评估，以及对成因的分析和理解。

（三）计划阶段

评估结果是学校社会工作者制订计划的主要依据，相应地，全面详尽的计划也是学校社会工作科学的、专业助人服务的保障。从这个角度看，制订服务计划应是学校社会工作的一项核心任务，也决定着社会工作介入是否有效。因此，在计划阶段学校社会工作者工作任务就十分重要了。具体地说，这些工作任务有：清楚掌握计划的内容，合理地分解工作过程并制定相应的目标，选择合适的服务对象系统和目标系统加以改变，明确自身的角色和介入策略。以下择其重点简略介绍如下。

1. 目的和目标

目的指学校社会工作介入最终达致的、长远的效果，而目标指较为具体的、在介入中近期实现的结果。我们认为，学校社会工作介入的目的包括：帮助处境不利的学生，促进教育机会均等；促进学校、家庭、社区建立良好的互动关系，形成优质教育的合力；协助学生获得实用的知识与能力，以适应现代社会发展的需要；协助学生获得适应变化的能力，使他们保持终身学习；促进学生社会化人格的正常发展。不过，从实质上看，学校社会工作的目的旨在改变“学校—社区—学生—家长”系统中存在的学生与其环境的不适应和不平衡状态。而导致以学生为中心的社会生态系统不平衡的原因，可能来自于学校社会工作者的介入，可能来自于学生方面，也可能来自于学校系统内部，或者来自学校外部的系统，更可能是这些因素的结合。具体而言，这一最终目的的实现要求社会工作者将每个学生的不同方面联系起来，力求实现以下几个目标：①为相关老师、家长和学生建立新的社会生活技巧或能力；②在学校和社区中开发新项目，寻找新资源和社会服务机构，以此帮助学生及其家庭；③改变学生、老师及家长等人的某些观念；④重新组织活动；⑤与相关的社区机构（如青少年服务机构）和学校所属的机构建立新的纽带；⑥开发革新项目，以满足学生及其家庭的需要。而上述目标可能因学生的不同情境出现在介入的不同阶段，但它们都是学校社会工作者需要在特定阶段完成的具体目标。

2. 关注对象

关注对象指学校社会工作介入行动要加以改变的系统，即工作者要介入的焦点。从社会生态模式的框架看，学校社会工作的学生处于“学校—社区—学生—家长”的关系中。这就是说，学校社会工作的关注点在于学生与其周边环境之间的社会互动的交流过程，这不仅要求工作者关注学生，同时也要求关注环境以及两者之间的互动。因此，在学校社会工作的过程中，社会工作者接触的不仅是学生和学校，还包括家庭和学校、社区和学校等。相应地，工作者在帮助学校回应学生、家长和社区的需要之时，也提升了学生、家长和社区的社会功能。

3. 介入策略

在这里，计划中的介入策略主要包括：明确工作过程中工作者和学生各自的角色与任务；明确介入的阶段和过程；清楚介入的方法与技巧。可见，学校社会工作作为一项系统的服务过程，几乎涉及社会工作专业助人服务的方方面面。这样，社会工作者往往承担多种角色，包括计划的推动者、顾问、合作者、调解员、倡导者、经纪人、家校和社区的联络员、教育者、计划的指导者、临床教师、社区组织者，以及文化多样性的专家，而上述每类角色，都有一套相应的任务和专业技术。同时，因学校社会工作是社会工作者和学生共同努力、一起工作来实现学生及其环境改变的过程，因此，介入策略还应该详细说明学生的角色和任务，并要求这些角色和任务是学生能够理解和接受的，并能促进学生的能力提升。在这里，学生领悟其角色和任务的过程，也是学校社会工作者与其服务对象订立契约的过程，其中不仅需要澄清工作的目标和过程、双方的角色和任务，也需要明确规范工作者与学生的权利和义务。

（四）介入阶段

介入是执行服务计划的有目的的活动，并指向各个阶段的介入目标，最终达致学生与环境的平衡状况。在这个阶段，也需要学校社会工作者运用大量的技术和技巧。一般来说，介入包括两个方面的工作：一是进入或调解群体、事件、计划活动或者个人之间的内在矛盾；二是介入包括了矫治、解决和预防问题，或者寻求社会改良的行动，包括心理疗法、社会计划、团体工作、社区组织、寻找和发展资源，以及其他许多活动。

1. 学校社会工作介入的焦点

学校社会工作介入的焦点是学生的社会生态系统，即它是对“学校—社区—学生—家长”的关系进行工作。而从学生和环境两个角度的介入看，主要涉及两个层面的介入：一是学校和社区的接触面。即社区可以满足学校无法提供给儿童、青少年的成长需求，并更多地为学生问题的改变提供宏观资源；同时，因社区也是家庭的扩展，从学校和社区的接触面进行介入时，家庭和学校的关系和联系正是学校社会工作者工作的必要基础。二是学生和学校的接触面。学校是一个有计划建立的、用于完成特定目标的社会体系，是运用严格的标准和规范来控制社会互动和行为的正式组织。相应地，学生需要在学校里完成特定的社会化目标，学习成为公民的基本规范和要求。因此，从学生和学校的接触面介入时，学校社会工作者需要适当调整工作目标，以达到学校组织认可的工作效果。

2. 学校社会工作介入的内容

根据上述的介入目标和焦点，具体而言，学校社会工作者至少要实施以下几个方面的行动。

(1) 学校社会工作者需要协调与学校不同的工作目标。正如 AuSin（1999）指出，社会工作者对学生个人自身的目标感兴趣，如健康支持系统和良好的自我认识能力；而学校则对学生的公共目标感兴趣，如顺利升入高年级、顺利从高中毕业等。因此，明确个人目标和公共目标之间的联系，并在评估社会服务时包括了公共目标，这对于减少社会工作和学校工作的目标之间的差别很有效。

(2) 学校社会工作者需要与学校员工建立相互信任、相互合作的关系。即学校社会工作者在计划社会服务和介入的过程中，应该与学校的教师及其他工作人员沟通，促成他们对专业助人工作的理解，减少因工作目标不同而产生的冲突；同时，学校社会工作者应努力获得活动需要的支持和合作，表明一种为解决学校中存在问题的意愿，并与学校达成相互适应的目标，建立相互信任的专业关系。

（3）学校社会工作者需要与父母及学校合作。家庭资源和环境是满足学生正常社会化的重要支持体系，同时，这对孩子在学校表现较好、取得学业上的成绩也非常重要。如果我们将家庭和学校视作两个相互分离的系统，那么，学校社会工作者将在工作中遇到较大的困难，并造成资源的浪费。因此，目前学校社会工作介入过程中普遍认为，学校和家庭是两个围绕学生成长、发展和学习的互相连续的系统。而将这两个系统相互整合，并运用与促进其相互参与的方法，这对于学生的学习和生活过程中完成各项学习，都具有积极的推动作用。

（4）学校社会工作者需要和社区建立良好的关系。社区背景是学校社会工作不可忽视的重要环境，它提供了很多解决儿童和青少年问题的资源。因此，学校社会工作者一方面需要不断地联系社区，发展学校与社区的关系，以谋求广泛的合作或支持；另一方面在确定学生问题或困难之后，学校社会工作者在寻找需要的服务时，也要为学生及其家庭从社区中争取资源。从这个角度看，学校社会工作者需要对社区资源进行深入的了解和挖掘。

（5）学校社会工作重要介入内容之一是预防介入和危机介入。针对目前越来越严重的暴力事件和突发事件，学校社会工作者应运用社会工作的理念和技巧，开展一系列生活技巧和危机介入训练项目，并建立综合危险管理小组等机构，以此进行积极有效的预防介入和危机介入。

（五）结案阶段

当学校社会工作经过有计划的、逐次推进的介入过程，并促成学生及其环境的改变后，社会工作则进入结案阶段。结案意味着社会工作服务的终结，一般视为整个学校社会工作技术程序的最后一个阶段。

但是，结案并不一定就是实现既定的目标或者是成功的介入，也不意味着是学生问题彻底的解决，多种情况都可能导致工作过程进入结案阶段。比如，除了工作者和学生双方都认为目标已达到，或者学生认为自己已经有能力解决的问题而不需要继续服务的情况，以下几种情况都会提前进入结案阶段，包括：学校社会工作者与儿童或青少年没有建立信赖的专业关系，学生要求终止服务；工作者发现学生出现了新的问题，需要其他机构或者其他方面的工作者为其服务，如学校工作者发现青少年出现了精神方面的疾病，需要入院治疗，就会终止提供社会工作服务而开始医学治疗。此外，还有一些因素可能导致结案，如工作者在价值观上无法接纳学生的某些认知，或者因为工作者工作调动或学生转学等。而对待后面几种情况，学校社会工作者要负责地完成转介工作，以促使学生可以得到更适切更方便的服务。

如果按正常情况结案，在此阶段，工作者还需要完成以下工作任务，包括：检讨；处理结案时期的情绪；巩固已经取得的改变和工作效果；解除工作关系；回访与跟进。以下予以简略介绍。

1. 检讨

检讨是结案阶段最重要的任务，检讨旨在帮助学生澄清和意识到发生改变之时可以找到以后改善的方向。相应地，检讨在学校社会工作中的意义更为重要。这是因为，一方面通过检讨可以帮助社会工作者评估介入的绩效，评估是否按照原来的工作计划和目标推进工作的程序；另一方面检讨可以通过对工作过程、效果、介入技术资料的收集，来帮助学校社会工作者总结经验，获得专业成长。此外，检讨还是社会工作机构对工作者工作效果进行评估的重要依据。因此，检讨过程是工作者、学生以及机构协同合作的过程，需要社会工作者具有开放的心态，客观地面对意见和建议。

2. 处理结案时期的情绪

在工作关系的终止时期，由于工作者和学生结成了相互信赖、较为亲密的关系，学校社会工作者需要处理可能出现的特殊情绪，尤其是儿童和青少年往往不能正确处理分离的情绪，甚至可能会出现否认、退化等。而对于这种情绪的产生，学校社会工作者需要较早通知学生结案的日期，以理解的态度，鼓励学生公开讨论终结，并帮助学生做好心理准备，或者通过建设性的方式让学生表达自己的情绪。

3. 巩固已经取得的改变和工作效果

在结案阶段，学校社会工作者需要完成各种工作任务，来巩固前面已经取得的工作成效，巩固学生及其环境已经发生的改变，并鼓励学生建立自己面对和解决将来遇到问题的信心和能力，以实现社会工作助人自助的宗旨。在这个过程中，一方面，社会工作者要帮助学生回顾工作的过程，理解逐渐变化的经过；另一方面，要帮助学生清楚理解已经取得的成绩，增强其面对和解决问题的信心及认识到其拥有的力量，以此巩固学生已有的改变。

4. 解除工作关系

结案意味着工作关系的解除，同时，社会工作者也需要处理自己的情绪反应。特别是一些经验较少、比较年轻的学校社会工作者，由于学生和自己所处的阶段较为接近，更容易产生超出专业关系控制范围的感情，在结案时，也更容易出现将专业关系转变为个人关系的情况。这时就需要工作者正确地评估自己的能力是否能够驾驭关系的变化，同时，要警觉私人关系的延续使得结案过程可能不明显，社会工作效果不理想，服务对象产生对工作者较长时间的依赖等，以此正确地解除工作关系。

5. 结案过程之后，学校社会工作者还有一项重要的任务就是回访与跟进

从本质上看，这是结案的延续。因此，学校社会工作者需要定期地对学生及

其家庭、在学校的表现、社区资源的供给状况等，进行跟踪和回访。这不仅有助于巩固学校社会工作的工作效果，给学生带来一定的支持，也可以及时弥补原先介入中没有解决的问题。

需要指出的是，学校社会工作的技术程序大致可以按照上述过程进行安排和推进，不过，因社会工作者经常要应对千变万化的学生和情境，因此，助人过程不一定是按照上述的程序直线推进的，很可能是螺旋式的。但是，无论怎样变化，本节提供了学校社会工作的关键的指引和基本的实践框架，由此，需要学校社会工作者在掌握工作程序的基础上，运用自己的知识与技巧灵活安排与实践。

第二节　学校社会工作基本技术

在学校社会工作实施的过程中，学校社会工作者需要掌握和运用多种技术和技巧，本节进一步介绍学校社会工作的基本技术。

一、学校社会工作的技术

（一）会谈

1. 会谈

会谈是学校社会工作者经常使用的技术之一，它是指社会工作者与学生、环境中的重要他人以及与被协助学生的相关人员，相互用言语与非语言的方式交换意见、态度与感觉的过程。一般来说，学校社会工作的会谈经过了严密的计划，具有明确的目的，有不同的角色之分，是一种专业性谈话。

2. 会谈的分类

学校社会工作中的会谈一般分为三类：第一类是获取学生及其环境信息和资

料的会谈。这类会谈需要获得与学生个人或者社会问题相关的背景资料、生活经历材料、客观事实、主观感受和态度，以供全面地、深入地了解和解释被协助学生的问题和困境。第二类会谈是评估学生问题、环境和工作效果的会谈。这类会谈主要是对学生的问题、环境以及工作的目的进行专业判断和评价，并与学生分享、澄清这些问题。第三类是促使学生及其环境发生改变的治疗性会谈。这类会谈可以帮助学生做出转变，或者改变社会环境以有助于提升学生的功能，或者达到以上双重目的。

可见，会谈可以运用于学校社会工作的整个过程中。而工作者通过会谈，可以与学生沟通内外信息，分析和解释问题的真实资料，并最终促成学生和环境的变化。

3. 会谈的技术

（1）会谈地点、时间的控制。会谈往往可能发生在任何地方。其地点可以是学校社会工作者的办公室、学生家中、学校内各个角落等。一般来讲，社会工作者应尽量对会谈的地点进行选择，同时也可以控制屋内摆设等，以达到保障会谈在舒适、保密的环境中进行，促使学生放心地与工作者交流和沟通。通常会谈的时间以40~50分钟为宜，最好不要超过1小时。因为时间太长会使双方都感到疲倦。

（2）提问的技巧。会谈有各种不同的目的，比如，学校社会工作者常常会通过提问来获得信息、帮助学生描述生活经历、建立关系、引发学生思考并帮助学生审视可供选择的策略和帮助他们选择解决问题的方法。因此，在会谈中工作者会大量使用提问的方式进行工作。不过，学校社会工作在提问时应特别注意以下几点：一是事先准备好要提问的问题，对它们进行逻辑排序，层层递进，并在会谈中引导学生按照问题的顺序进行表述。二是在提问过程中要注意语调和语气，这些同问题本身一样重要。因为恰当的语气可以表现理解和关怀，从而建立和维持信任关系。三是尽量使用探索性、开放性的问题，帮助学生思考他们改变问题的更多可能性；同时，要避免使用提示性问题、封闭问题、非此即彼的问题以及“一连串”的提问。

(3) 记录的技术。由于会谈会传递大量的信息，所以，学校社会工作者经常要使用记录的技术。记录的目的是回复工作过程中过去会谈的记忆，记录与学生签订的契约、记录社会史的信息，并与同事分享经验和讨论措施。但是，除了个人资料外，会谈时不宜做记录，而详情应当在会谈后再整理出来。这是因为，会谈过程中经常性的记录可能对会谈产生分心的作用，或者使学生感到工作者关注的不是他，或者受怀疑或被威胁。

（二）评估

学校社会工作中评估贯穿始终，区别是各个阶段评估的内容不同、地位也不一样。在这里，“评估”是对社会工作过程中某一方面进行评价，主要包括对学生问题与环境以及对工作成效的评价，以下我们主要探讨对学生问题以及对环境进行评价的技术。

学校社会工作中的评估可以使用的方法很多，如社会史报告、家庭结构图描述、社会生态系统图以及社会网络分析等方法，都可以展现学生的成长脉络和社会系统。由于篇幅有限，这里主要介绍社会生态系统图的评估方法。

社会生态系统图方法又称为生态系统图，它主要是依据生态学的理论将个人及其问题置于一个人类社会的整体系统中，使个人与环境中的各个系统不断交叉互动，而社会工作解决学生问题的方法也取决于人和环境的相互交流和互动。概括地说，生态系统理论从“人在环境中”的理念衍生而来，着眼于个人和环境，认为个人、家庭、群体和社区需要积极的互动，这也是社会功能得以实现的主要方案。而生态系统图则可以清晰地展示学生的社会环境，呈现个人、家庭及社会系统之间的相互作用和影响，同时也直观地反映出了学生问题的关系以及社会资源分布的情况。

可见，社会生态图特别适用于学校社会工作的评估，因为它可以全面、直接地展现需要被协助的学生环境和各个系统的真实情况，从而对服务方案的设计具有很强的指导意义。学习者的学校社会生态系统的组成部分以及学习者在其中所处的位置，从内到外依次是“学生、同学群体、与学生直接接触的工作者、教职员工群体、校长、学校系统主管、督导、父母、公民政策和顾问团体、外部资源、人群和变化因素、社会和政府的总体强制因素”。在这个嵌入式和以学校为主要互动系统的嵌入式中，每个学生都认为自己是独特的，并且他们与学校及其子系统的交流和互动也是独特的。在此基础上，学校社会工作进行社会生态系统的环境评估主要框架。

通过该框架，评估一个学生的社会生态系统，要从家庭、社区、学校与工作等系统中，获得个人、重要他人及其环境中的数据，以此考察个人（认知情感、行为、身体特征）与情景（身体状况、行为心理社会环境以及历史标准化环境）之间的影响和关系，从而确定学生的个人及其环境状况。

（三）倡导

从广义上讲，倡导就是代表和支持学生、群体、组织等利益，为学生利益鼓舞和呼吁；从实质上讲，倡导是将个人困难化为公共事务、将个人问题转化为社会问题，从而加强社会和环境解决个人问题的责任。

而学校社会工作者作为学生与家庭的服务者及学校的一部分，经常要应对学生与家庭自己无法满足的需要及学校陈旧体制带来的问题。因此，学校社会工作者经常需要运用倡导的技术。比如，学校社会工作者要倡导学生及其家庭行为的改良，同时也有责任对学校改革以及确定学生与家庭所需要的社会支持方面进行讨论。又如，学校社会工作的倡导也运用在家庭、从学生的角度出发，来发展和计划学校与社区的合作项目，呼吁学校和社区委员会及社会政策决策等方面的变革。

概括地说，学校社会工作者应掌握的倡导技术和技巧，有以下几个方面。

（1）联络家庭和学校。这种做法对那些不是很熟悉教育体系的家庭尤其重要。学校社会工作者可以帮助家长了解其法律权利、可以利用的医疗和社会服务机构，以及提供发展和支持性的服务；也可以倡导家长成立小组来参与学校的管理与老师的教学。可见，倡导的技术不仅结合和扩展了家庭联络员的作用，也促使家庭获得了以前在学校中没有满足的需要。

（2）收集准确的信息，以证明哪些因素对学生学习的过程有影响，并加以改进。

（3）与机构合作开发新的服务项目，如为孩子与家庭开发新资源的项目，以及设计包括纠正偏差行为等解决特殊问题的项目，或者开发社区项目，以此提供更多的服务。

（4）识别和开发当地学校、其他教育机构及社区内部或外部的可用于孩子成长的资源。

（5）对学生、家长学校、邻里和社区的需要和特征进行系统的观察和评估，并针对其相互影响的状况进行协调和改进。

（6）分析现行各级政府有关的法律法规和社会政策，并建议改进和完善。

二、建立专业关系的技术

（一）学校社会工作的专业关系

学校社会工作的专业关系指学校社会工作者和被协助的学生之间所建立的相互尊重、相互信任、彼此合作的一种工作关系。而通过专业关系的运用，可以提高学生解决问题的能力，恢复学生与环境的协调。

具体地说，学校社会工作积极的专业关系有助于工作目标的实现和工作介入的成功。如发展心理学家埃里克森（1979）认为，工作员与学生之间形成的关系是助人的里程碑，学生是希望获得工作者服务的人，是期望从服务中受益的人，是与工作者有工作协议或者合同的人。而专业关系本身可以成为学校社会工作者运用的一个重要工具，正如社会工作理论认为，人类的成长及人格的形成，主要是在个人与重要他人的互动关系中，学习并内化了他人的观点、情感、价值观与行为模式等而形成的。因此，专业关系有助于学校社会工作者与学生更好地进行内心世界与真实生活的互动，彼此分享解决问题的过程，加深对彼此所扮演角色期望的理解，共同获得成长。其中，学校社会工作形成的专业关系往往能够满足学生需求，激发学生新动力、形成互助合作与真实互信的关系。不仅因此，专业关系也可以帮助学生解决问题，提高其解决问题的能力，进而充分发挥其潜能。因此，当学校社会工作者表现出热情和真诚时，工作关系将会得到强化，并打开了解决问题的大门。

(二) 学校社会工作所涉及的专业关系

在学校社会工作的工作过程中，社会工作者不仅要与被协助的学生建立专业关系，以促进学生的改变，同时需要不断地发现潜在的学生，即学生的社会生态系统中重要的他人和机构，如他们的父母、学校的老师、重要的同辈群体、邻里以及社区，都存在建立专业关系的问题。这样，学校社会工作者需要与各方面建立专业的助人关系，以此加深对学生问题的理解，利于结合多种力量解决学生问题，也有助于从整体上提升被协助学生的环境质量。从这个角度看，学校社会工作者需要整合地处理各方面的专业关系，特别是要与社区建立良好的工作关系。因为社区为学校社会工作者提供了更加宏观的视角和资源，同时也是弥补学校无法满足青少年成长的重要系统。相应地，学校社会工作者应访问社区机构及社区重要人士，了解社区居民的需求与问题，并需要让社区居民知道社会工作者是谁，学校和社区共同的目标是什么，学校与社区各自的资源有哪些。而这些问题的澄清和探究，有助于学校社会工作者围绕学生的成长问题来建立有利于社区发展和自身工作扩展的目标。

(三) 学校社会工作建立专业关系的技巧

学校社会工作者要遵循以下指导，以有利于建立建设性的助人关系。

1. 助人关系是工作者与学生双方的关系

需要工作者和学生双方的积极配合。

2. 学校社会工作应设法营造没有威胁的、愉快的气氛

以此让被协助的学生感到自己是被接纳的，并且他们深入表达自己的想法和观点也是安全的。

3. 积极主动地介绍自己

在最初与学生接触中，推销自己是必要的。一方面，在很多情况下，学生是被要求接受学校社会工作者的辅导而不是自愿的，他们对社会工作可能存在着抵触的情绪；另一方面，与社会工作者接触意味着学生需要协助，这使得他们在心理上觉得自己是劣势的，容易形成对社会工作者的意图不明了而怀有戒心。而积极主动地介绍工作者自己，则有助于减少学生的抵触和戒心，建立起专业关系。

4. 平等地看待被协助的学生

不要把学生定义为“有问题的人”。

5. 当学生开始暴露自己的问题时，要冷静，不要表示震惊

因为学生问题的表露是建立在较好的专业关系的基础上的，学校社会工作者表现出表示震惊和不以为意，都可能让学生感到不舒服而破坏了专业关系。因此，学校社会工作者对学生的问题、困境，应该表达感同身受、同理心及无条件地接纳。

6. 学校社会工作者应该保持不批判、不说教的态度

即学校社会工作者需要尊重学生、尊重学生的价值观，也不得贩卖自己的价

值观，强迫学生接受自己的价值判断。

7. 使用易于理解的语言

使用学生易于理解的语言，对建立积极的助人关系是十分重要的。这是因为，如果学校社会工作者语言运用得不恰当，很可能造成学生的反感和厌恶。这就意味着学校社会工作者不仅不需要运用过多的专业术语和高深的词汇，而且也不要盲目地使用自己不擅长的、学生较常用的方言和用语。

8. 帮助学生保密，尊重学生的隐私

学校社会工作者经常陷入一种两难的境地。由于学生很可能是未成年的学生，在工作过程中这些学生往往被视为个体，但在现实情况中他们又有家长或是监护人，并从属于学校等机构。因此，学校社会工作者就陷入了对他们的某些信息保密的要求，即要不要与其家长和学校透露学生问题中的某些困境。通常，在工作的整个过程中，学校社会工作者都要积极地与家长和校方进行沟通与交流，同时要运用对学生、家长与机构负责的态度进行取舍和判断。

三、运用社会资源的技术

社会资源指所有用来应对学生问题、满足学生需求的一切自然物质资源和社会资源。社会资源可以分为有形资源和无形资源，有形资源有人力、物力、财力，而技术、知识、组织、社会关系等则属于无形资源。

学校社会工作之所以关注于学生的社会资源，这是因为儿童和青少年处于生活依赖期，此阶段主要的人生任务就是身体和心理的健康成长及学习基本的社会知识。这样，这个时期，儿童和青少年需要其环境提供给他们大量的用于发展的社会资源。而学校社会工作的开展就是在学生的社会生态系统中进行的，其工作的主要目的之一就是使其生态系统可以给予学生足够的社会资源，所以，学校社会工作特别重视运用社会资源的技术。一般而言，社会工作根据社会资源的来源，把社会资源分为正式资源和非正式资源两种。其中，正式资源包括政府财政提供的资源以及非政府组织提供的资源，但这类资源通常需要通过正式的申请程序才能使用。而非正式资源指属于个人的资源，主要来源于非正式的社会支持网络，包括家人、朋友、亲戚、邻里等方面，这类资源只要个人同意则可以使用。

可见，学校社会工作者需要运用和筹措更多的资源，并以此作为工作目标。一般来说，在运用社会资源方面，学校社会工作者需要具备以下技术。

（一）发现和评估资源的技术

学校社会工作者应该通过各种发现，按照资源的状况，全面评估学生、家庭、学校和社区的资源分布，并绘制社会资源分布表，从而对资源进行合理分类。比如，根据资源被发掘和运用的程度，可以把社会资源分为显性资源和潜性资源。其中，显性资源可以直接运用，而潜性资源则需要我们加以培育、创造与运用，以促使其成为协助学生的有利资源。

（二）调动非正式资源的技术

非正式资源相对来说比较容易调动，具有成本低、灵活性、不稳定的特点，学校社会工作者应帮助学生努力开发和运用其非正式资源。在调动非正式资源中，一方面要强调同辈群体的支持，包括学校社会工作者应准确观察班级、学校内部学生群体的分布，协调群体的分歧和冲突；另一方面，学校社会工作者也要具备发起和组织社区参与活动，构建守望相助的邻里支持体系。

（三）组织志愿者和团体活动，挖掘人力资源和组织资源

学校社会工作者对于环境中的人力资源进行整合，可以组织不同专长的人士成为志愿者小组，开展多样的活动。比如，在社区中组织有文艺特长和技术特长的志愿者担任社区教育的老师，弥补学校教育的单一状况。又如，组织或引导某些小组和群体的建立，如兴趣小组等。此外，学校社会工作者也可以动员社区机

构的专业人员（如社区心理医生或法律顾问），进行咨询和转介，以提供多样化的服务。

（四）募捐的技术

对于家庭贫困、遭遇突发事件和重大灾难的学生，学校社会工作者应鼓励学校人员和社区居民进行捐助，并对捐款进行监督和运作，以此整合运用财力资源。

（五）倡导

对于资源不足的状况，学校社会工作者应该联系相关的机构提供新的资源，拓展社会资源的网络；同时，应开展政策和制度的讨论及反思，呼吁资源更加公平地分配。

第七章　社区式学校社会工作

学校社会工作有广义和狭义之分，广义的学校社会工作强调要包括更多外延的活动，并设法增进社会对学校的了解。欧德森（Alderson）称此种工作模式为社区学校模式。

社区式学校社会工作将学校社会工作的领域扩大，注重学校与社区之间的联系，通过利用社区资源，与社区建立良好的关系，从而更好地为学生服务。

第一节　社区式学校社会工作的概念

学校与社区之间的关系是非常密切的。作为学校社会工作者而言，有必要成为学校与附近社区的联络者，宣传学校政策，开展社区活动，了解社区人士尤其是学生家长对学校政策的看法和意见，争取社区的支持和理解，从而更好地协助学生成长。因此，作为社会工作三大基本方法之一的社区工作方法在学校社会工作过程中也经常用到。

社区式学校社会工作是一种社会工作的介入方法，蕴涵着社会工作的一些基本理念。它由学校社会工作运作模式中的社区学校模式发展而来。东海大学教授李增禄认为，社区学校模式的要点主要包括以下几个方面。

工作焦点：焦点主要放在社区中不利于学校发展的方面，尤其是社区目的和规范跟学校的步调不一致的情况。

工作目的：工作的主要目的是促使社区居民，尤其是学生家长，能够了解学校的政策，支持学校的做法，以便有效发展学校的教育方案，去协助学习上有困难的学生。

学生体系：此模式的学生体系，是学校周遭的社区环境，包括社区与学校两者的交互关系。

工作者的职责：在这一模式中，工作者的主要职责，是把自己投入到社区的各项活动中，从中观察可能造成学生困扰问题的社区因素，并协助社区居民去了解学校的教育方案，鼓励他们参加有关的活动，以改变那些不能满足社区青少年学生需要的社区情境。

工作者的角色：在此模式中，工作者的主要角色，是扮演媒介者、组织者和发展者等角色，以协助学校与社区建立良好的互动关系。

相对个案工作、小组工作方法而言，社区工作是一种较为宏观的工作方法。它是指与社区民众一起工作的方法，英语称之为“work with community”，主要是以某一社区为单位或以某一社区的居民为对象而从事的社区服务或治疗工作。

社区式学校社会工作则是学校社会工作者将工作的外延拓展到社区，在工作过程中，以学校社会工作的基本价值理念为指导，坚持学校社会工作的基本原则，同时将社区工作的工作方法融合运用其中，最终促进学校与社区建立良好的关系，协助学生更好地成长，促进社区发展，从而达到双赢的结果。

第二节　社区式学校社会工作的意义

无论对于学生还是社区的发展而言，社区式学校社会工作都有着非常重要的意义。

首先，根据“人在情境中”的基本观点，个人与环境是相互影响、相互作用的。对于学生而言，学校、家庭和社区三者都会影响其学习成绩和人格发展。学校的发展离不开社区的支持，关注每一位学生的发展，需要学校、家庭、社区共同的努力。因此，社区是学生成长过程中的一个重要影响因素。就社区而言，社区的生活环境、居住群体、文化氛围等学生的价值观念与行为模式有着直接或间接的影响，学生放学后，便回到家庭和社区。对于青少年而言，由于自主性与独立性的增强，其放学以后待在家里的时间越来越少，而与同伴群体待在社区中的时间相对更长。所以，社区环境以及同伴群体是影响青少年学生的一个重要因素。同时，社区领袖及关键人物对学校设施的支持或批评、社区居民对学校政策的不理解等，也是学生学习的重要影响因素。所以，将工作的领域和外延拓展到社区，重视社区对学校及学生的影响，对于学校社会工作者而言，是非常必要的。

其次，搞好学校、家庭与社区的良好关系也是学校社会工作的目标之一。林胜义指出，学校社会工作是实施于学校领域的一种社会工作专业服务，此种专业服务的目的必须与学校本身的目的相互配合。而学校社会工作的目的主要有两个：第一是协助处于不利地位的学生，以实现教育机会均等；第二就是协助学生发展与学校、家庭、社区的良好关系，以增进教育的功能。

最后，对于学校而言，尤其是社区内的学校，获得社区人士的了解与支持，学校与社区进行资源共享，已成为学校社会工作中不可或缺的一环。

从某种意义而言，学校也是一个社区，将社区工作的方法与理念运用在学校中，也有利于学校的发展。

第三节　社区式学校社会工作的步骤

社区工作的过程通常包含以下几个步骤，社区式学校社会工作也不例外。

一、建立关系

建立关系是进入社区的第一步，主要是学校社会工作者进入社区，与社区居民、社区机构与社团，以及社区中各机构、各社团的领导人与各界的代表人物以及知名人士等建立专业的助人关系。

在这一阶段，学校社区工作者通常需要解决以下问题，即让居民了解：谁是学校社区工作者？他们能做什么？学校社会工作者了解到社区居民的需要是什么？同时学校社会工作者还要寻求未来的支持者，以便促进学校与社区的合作及二者的发展。

对于学校社区工作者而言，在社区中建立专业关系，可以采取多种方式，最常见的有，开展一些富有吸引力的大型活动让社区居民参加，宣传学校社区工作者，并争取社区居民的接纳。也可以通过开展家庭服务活动，加强学校社会工作者与社区居民的联系，促进双方的了解和认识，来获得其支持。

在建立关系的过程中，学校社会工作者要遵从社会工作价值观的指导，尊重社区居民，接纳社区现状，并根据社区的实际情况制定合适的工作方案。

二、收集资料

在开展工作以前，学校社区工作者需要对其所在社区的基本情况进行了解，和学校个案工作者在工作前必须先了解其学生的状况一样，学校社会工作者在进入到一个社区开展工作前必须对该社区进行研究，收集一些必需的资料，为今后的工作奠定基础。收集的资料主要包括社区概况和社区的需要，并在此基础上对社区进行简单评估。

（一）了解社区概况

通常而言，在了解社区概况时，所需了解的事项主要有以下方面。

（1）社区名称及其由来。

（2）社区发展的简要历史。

（3）社区所属的地理位置及周边环境，并关注环境对青少年学生可能带来的一些影响。

（4）社区内的人口结构尤其是青少年学生的人口结构。包括青少年学生的人口数量、性别比例、年龄比例、受教育情况等。

（5）社区资源。主要包括社区内与学校教育相关、有利于学生成长的一些资源。

（6）社区问题。社区内所存在的突出问题是什么？社区内亟待解决的问题是什么？居民对这一问题的看法是什么？尤其要关注社区是否存在一些不良的青少年团伙，以及青少年犯罪情况等。

（7）社区文化。包括社区的主流价值观、意识形态、传统及信仰是什么？哪些价值观主导社区青少年的生活？哪些团体支持或反对这些价值观？是否发生过价值冲突？结果如何？社区青少年对社区的归属感如何？

（8）社区范围内影响青少年成长的其他问题。包括社区青少年的学习、娱乐需求不能得到满足，社区内部分青少年学生面临家庭暴力、权利受到侵害等问题。

在此基础上，学校社会工作者可以对社区进行简单评估，并形成书面的报告，以便于以后工作的开展。

（二）了解社区需要

在了解社区需要时，可以将重点放在社区居民对于教育方面的需要以及社区青少年群体的需要，即对社区进行需求评估。

对于学校社会工作者而言，收集社区资料的方法有很多种，主要包括以下方面。

1. 社区访谈

在社区内对社区居民、社区工作者以及进入家庭中对青少年群体进行直接的个案访谈，了解他们在社区内的真实感受，这是获得一手资料的有效方法。通过深入访谈，工作者可以进一步了解到社区内的情况。

2. 社区调查

主要采取问卷、量表的方式进行调查。通过调查，可以在较大程度上快速收集到工作者想要的资料。

3. 社区观察

工作者也可以通过参与式或者非参与式的观察，了解青少年学生在社区内的学习、生活、娱乐等真实情况。参与式观察根据参与程度可分为完全参与、参与兼观察、观察兼参与；而非参与式观察纯粹是个观察者。作为学校社会工作者而言，因为是以外人身份进入，所以很难完全参与，基本上是观察与参与兼有。

4. 文献分析

有关社区概况的一些资料，也可以采取文献分析法，如从某些官方或民间的统计资料或报告中获得。

三、制订计划

一个良好的社区计划可以展现给学校社会工作者一个工作的蓝图，同样也会激发社区成员对社区的关注。不论学校社会工作者在社区进行何种活动，都应先进行社区规划。所谓规划是学校社会工作者去设计出工作方向及具体做法。对工作方向进行的规划即是整体规划，即对社区工作的现在与将来进行规划，规划涉及社区组织与发展的全局，可分为近期规划与长远规划。规划具体做法称为具体规划，即对社区中亟待解决的问题制订出工作方案，或对某一项社区活动方案进行规划，它只涉及一时之事，是整体规划的一部分。

在制订社区规划前，我们首先要界定目标。社区中可能发生很多问题，学校社会工作者应该引导社区居民选择优先要处理的问题。在界定目标时通常依据的原则为：尽量具体；与社区青少年学生的学习、生活有密切的关系；迫切需要解决的关键问题；问题解决的可能性大；问题解决以后所带来的价值大；社区居民及青少年学生可接受程度高。

有效的社区工作规划应该是工作人员一起进行团体规划，甚至让社区服务对象也参与进来，从而形成最终的计划。规划的形成应尽力避免单独一人或少数几人为之。

在制订规划时，我们应该本着适用性、可接受性、可行性三个原则。首先，规划是符合目标的，并且目标必须要明确。其次，规划要符合全体居民的愿望与需要；再次，规划的产生必须是集思广益、民主决策，能被社区居民接受。最后，规划的内容能否达到？是否可行？在进行规划时，我们必须以这三个指标为原则，时刻对规划进行评估。

四、执行社区计划与方案

执行社区计划与方案即学校社会工作者激发社区居民，使之行动起来，将制订的计划付诸实施。社区活动的实施过程需要运用很多专业的技术手段，包括召开会议进行讨论，对活动进行筹备、宣传，对工作人员进行分工，协调有关单位协助活动开展，争取相关经费支持等。

苏景辉认为，执行社区方案通常包括以下三个阶段。

（一）方案筹备阶段

此阶段是要依据方案计划去做准备，包括以下方面。

（1）经费筹措：包括是否收费、募捐、行政拨款等。

（2）工作人员安排：包括社区组织内部人员工作分派、志愿者的招募、工作人员培训、人员配置等。

（3）其他事务性的准备：包括设施、设备、器材、场地的准备、租用与布置。

（4）前期的宣传广告：对方案进行宣传。

（二）方案进行阶段

在方案进入实际运作的过程中，要特别注意以下几点。

（1）对服务品质进行监管，提供高品质的服务。

（2）对时间进行控制，使方案在预期的时间内完成。

（3）对方案开销进行管理，使开销费用在预算范围内。

（4）士气的激励，提升工作人员及参与人员的热情。

（三）方案结束阶段

方案进行完毕，要做的有：

（1）经费核销；

（2）人员奖惩；

（3）成效评估；

（4）建立档案记录。

可以说，执行社区计划与方案是社区工作中非常复杂的一个环节，它需要动用各种资源，运用多种技术，考虑亦需非常全面，环环相扣，方能成功。对学校社会工作者而言，是一个重大的考验。

五、社区工作评估

社区工作评估是社区工作过程中非常重要的一环，通过评估，可以让学校社会工作者了解其预期目标是否达成，服务对象的满意度如何，评估还有助于学校社会工作者总结在进行社区工作过程中的优点与缺点，从而为以后的社区式学校社会工作总结经验。

评估的方法可以采取定量或定性两种方式：定量的方式即通过问卷调查、量表应用等方式了解被调查者对社区式学校社会工作的工作成效；定性的方式主要是通过深度访谈、观察研究等方法进行评估。当然，在一次评估中，也可以同时使用定量和定性这两种方式。

评估也可以采取外部评估或内部评估两个方式：外部评估是从社区和学校外聘请专家对社区式学校社会工作的进展进行评估；内部评估则由学校社会工作者自己对其工作情况进行评估。通常而言，外部评估显得更为正式和客观。

第四节　社区式学校社会工作的运用

社区式学校工作的运用主要体现在以下几个方面。

一、服务于社区内青少年学生

社区式学校社会工作者可以为社区内有需求的青少年学生提供直接服务，在进行个案辅导，提供资源，培养其自助能力等多个方面发挥作用。

学校社会工作者通过进入学生的家庭及所在的社区，可以更全面地了解学生的情况、学生问题的成因、学生的需求及其面临的困难，从而能够为其提供适合的帮助。

二、实现学校与社区资源的共享

学校社会工作者走进社区，可以在一定程度上将学校的资源与社区的资源进行整合，实现资源共享，如学校图书馆、篮球场、乒乓球室等场地可以在非学校上课时间向居民开放，学校多媒体教室为周边居民提供放映录像、影视片，与社区联谊，在节假日举办大型晚会、联谊活动等。

社区在一定程度上可以成为学校学生实践的一个很好的场所。学校社会工作者可以鼓励学生将书本与实践结合起来，参与社区活动，在丰富自己的同时也改善社区环境。

学校社会工作者应该鼓励学校的学生参与社区实践，如担当社区志愿者，参加社区服务，为社区中有需要的人群提供服务，一方面可以锻炼、充实自己，在实践中促进自我成长；另一方面也可以服务于社区居民。

三、开展教育工作

学校社会工作者可以利用社区这一教育平台，配合学校和家长做好中小学生的校外教育工作，从而为青少年学生提供学校、家庭、社区三位一体的教育。

对于学生而言，社区可以成为除学校以外的另一个教育平台。孩子们在假日学校中得到了教育，也可以让父母放心。学校社会工作者在社区教育中可以扮演引导者和协调者的角色，充分利用社区这个教育平台，让社区内的学生在学校教育以外的时间，如周末、寒暑假等时间得到教育，获得成长，这一方式可谓一举三得。对学校、学生以及家长而言，都是一件大好事。

同样，学校社会工作者也可以组织社区居民根据不同层次的需求，开展群众性教育活动，利用社区资源提高广大社区居民的文化素质，增强社区居民对社区的认同感和归属感。

四、进行亲子沟通

家庭对青少年的影响是有目共睹的，孩子的教育与学校、社区以及家庭都是密不可分的。和谐的亲子关系对青少年的成长是极其有利的。因此，对于学校社会工作者而言，帮助家长与孩子之间建立良好的关系是其关键的任务。如，通过建立或引进相应的社工组织帮助家长正确认识孩子、懂得孩子，与孩子进行沟通，既解决了家长在教育孩子上的一些困惑，又让孩子得到更好的成长环境，不失为可行之举。

为了预防家庭解体及相关的社会问题，香港地区政府于 1979 年开始资助志愿服务机构，在各社区推行家庭生活教育活动。按照服务标准，每 10 万人口应有 2 名全职的家庭生活教育工作员（family life education officer）。他们多利用讲座、展览、小组及宣传活动，灌输家庭沟通和人际相处的态度和技巧。不过，由于工作预案与法院及家庭服务单位的联系不足，这些宣传及教育活动未能有效地吸引那些面临解体或身处困境的家庭参加。借鉴香港地区的经验，笔者认为，社区教育的任务可以由学校社会工作者参与完成。学校社会工作者可以尝试运用多种方式帮助亲子之间建立良好的关系，从而有助于青少年的成长。

五、宣传学校政策，争取社区居民支持

学校社会工作者可以成为学校与社区沟通的桥梁。两者之间的有效沟通将更利于学校与社区的长远发展。学校社会工作者可以运用社区工作者的组织技巧，通过召开居民大会、公开演讲、运用传播媒介、开展社区家长会等方式，对学校的政策进行宣传推广，争取社区居民的舆论、经费等支持，从而更有利于学校以及学生的发展。

社区式学校社会工作的作用还有很多，而不仅仅局限于以上所说的五种。学校社会工作者还可以帮助社区内的工作人员更好地管理与组织社区，从而使社区更加适合居民居住。

六、采取多样化的方式在社区开展活动

学校社会工作者在进入社区开展工作时可以采取多样化的方式。在工作中，学校社会工作者可以将社区作为一个大的舞台，充分运用各种可能的方法，如音乐疗法、艺术疗法。各种社区活动，包括看似简单的社区涂鸦活动、各种游戏等方式也可以运用其中。只要能够有助于学生的成长，在不悖于专业价值观和专业伦理要求的前提下，很多方法都可以加以运用。

参考文献

[1] 丁庆,王茜. 学校社会工作实务[M]. 成都:西南交通大学出版社, 2018.

[2] 赵怀娟,王杰. 社工伴学. 学校社会工作实务探索第1辑[M]. 合肥:安徽师范大学出版社, 2019.

[3] 文军,易臻真. 迷茫与超越. 学校社会工作案例研究[M]. 上海:华东理工大学出版社, 2017.

[4] 香港社会服务发展研究中心. 学校社会工作实务手册[M]. 广州:中山大学出版社, 2013.

[5] 程勇,陈天柱,苏祥. 学校社会工作概论[M]. 北京:北京师范大学出版社, 2012.